JN148904

貞山堀に風そよぐ

仙台・荒浜　蒲生　新浜　井土　再訪

大和田雅人

まえがき

仙台市内の風景にあって最も好きなところはどこですかと聞かれたら、何を思い浮かべるだろう。定禅寺通のケヤキ並木、仙台駅のショッピング街と答えるだろうか。海岸部に広がっていた松林とゆったりと流れる水路、青い海を挙げた人もいると思われる。百万都市の中にありながら別世界の趣がある。釣りや海水浴などでしか訪れる機会はなく、なじみは薄いかもしれない。太平洋に面し、野趣あふれる蒲生干潟から南に下りて荒浜の集落がある。さらに深沼海水浴場から名取川近くまで緑の風景が続く。現代の地域分けで言えば宮城野区蒲生から新浜、若林区荒浜、井土、藤塚となる。一口に沿岸部とひとまとめに捉えがちだけれど、これらの地域はそれぞれに違う歴史と土着の風土、文化を持つ。祭事や食べ物の味つけ、冠婚葬祭などの風習としきたり、伝統の運動会など日々の営みは独自の工夫と地域性に彩られ、個々のコミュニティーごとに受け継がれてきた。七郷と六郷は隣合わせの似たもの同士と思ったらそうではない、同じ耕作地帯であっても地形地質から近世の成り立ち、開発の足取り、神社仏閣の数まで歩みは異なる。

海沿いの人々は、仙台の一番町や荒町などの盛り場に出向くとき、「仙台さ行ってくる」と言う。ある郷土誌に暮らしぶりを記したこんな一文があった。「キノコや山菜が食べたければ松林に入った。貝は貞山堀や干潟で採った。陸に船をあげる漁師たちの手伝いをすれば、カゴ一杯のイワシがもらえた。天然の食糧庫に囲まれて暮らしていた」。ほかの史料には「燃料は、松林から拾ってきた松葉やまきを使用した。主なタンパク源は近くの池や川で取ったウナギ、コイ、ナマズや近くの名取・閖上漁港から来る行商の売る魚介類だった。基本は自給自足の生活で、講と呼ばれる集まりが性別、年代ごとにつくられていた」とある。そんな生活が昭和40年代まで続いていたとは、仙台のもう一つの顔を見るようで驚かされる。さすがに自給自足からは変化したものの、血縁が濃いこともあって困ったときの助け合いやおすそ分け、言い伝えなどを守る暮らしぶりはそのまま続いていた。少なくとも「あの日」までは。

２０１１年3月11日、東日本大震災が発生し、大津波が沿岸部を襲った。多くの犠牲者が出た。家々や店舗は流され、どこに集落があったのかさえ、見分けがつかなくなった。次の災害を避けるという理由で、一帯のほとんどは人の住めない災害危険区域に指定された。住民たちは先祖伝来の土地を離れ、内陸の集団移転先や災害公営住宅などに移った。住まいがばらばらになった上、高齢化が進む。このままではせっかく根づいていた特有の文化や暮らしが忘れ去られるのではないか、仙台がますます都市化する中で、歴史の中に埋もれてしまうのではないかと危機感を抱く声を随分聞いた。本書は、そうした問題意識から取材を始めたものである。

地域ごとに古い資料をひもとき、集落のリーダーの方やかつての風習を知る女性たちの元を訪ねてインタビュー取材を行った。本の執筆では、中心となるテーマをどこに置くかがポイントと言われる。何か一本、筋の通った柱を据えないと伝えたいことが散漫になりかねない。そこで「貞山堀」を骨格にした。この地域を南北に貫く長大な水路、歴史遺産ということだけでなく、暮らしと環境に大きく関わっていた。貝を取っていたという住民の話のように貞山堀から享受した恵みは計り知れない。第1章から第4章までは地域ごとにこま分けし、藩制期から近代までの歩みと震災についてて大まかにまとめた。第5章は貞山堀そのものを取り上げた。震災からの再生と水辺の空間を生かした利活用策を考える。第6章では各地域の復興のありようについて筆を進めた。近年、都市の生活は画一化し、まちづくりや人々の価値観に個性を感じることは少なくなった。沿岸部にこそ、長く培った知恵に基づく個性的な生き方がある、地方分権型のコミュニティーを体現するたくましさがあると感じ入った。都会に住む人々に息遣いを感じてもらい、忘れかけられた風景を知ってもらえればありがたい。多少の郷愁と海の香り、貞山堀を渡る風を感じながら「もう一つの仙台」をたどる旅に出かけてみたい。

本書のキーワード

貞山堀とは、藩制時代の初期に構想され、明治時代にかけて造られた太平洋沿いの運河の総称。木材や米、塩などの物資、舟運による人の往来を盛んにした。総延長約36キロ、日本一長いとされる。波荒い仙台湾を通らず、船を安全に導き入れることができた。（★62ページの地図参照）

♡1本目…木曳堀《こびきぼり》。江戸初期。仙台藩の事業。伊達政宗の命による。仙台城築城、城下町開きの際、木材など物資を運ぶために掘削された。宮城県南の阿武隈川河口の納屋から名取川河口の閖上まで。全長15キロ。（家に例えれば長男に当たる）

◇2本目…舟入堀《ふないりぼり》。江戸前期。仙北地方など仙台領内で取れた米や塩を城下に運び入れる目的があった。塩釜・牛生から多賀城・大代を通って仙台市の七北田川河口の蒲生まで。全長7キロ。（家に例えれば次男）

♠3本目…舟曳堀《ふねひきぼり》。江戸前期。蒲生から七北田川をさかのぼってきた物資を鶴巻・福田町で積み替えて内陸を西へ向かい、苦竹まで。全長5キロ。（3男、舟入堀と双子のきょうだいと言ってもよい）

○4本目…新堀。明治初期。名取川河口の閖上から七北田川河口の蒲生まで。井土、荒浜、新浜を通る。これによって南北が1本でつながる。明治20年代に宮城県が大規模改修を行った。全長9・5キロ。このとき、政宗の法名から取って貞山運河という総称がついた。（4男、かなり年は離れている）

※明治時代には新政府によって、北上運河（北上川―野蒜）と東名運河（野蒜―松島湾）も造られた。現在も石巻市、東松島市を通っている。

目次

貞山堀のルートマップ
塩釜市
東北新幹線
マリンゲート
塩釜
仙台市
宮城野区
東北線
45
仙石線
夢メッセみやぎ
仙台港
キリンビール
仙台工場
4
七北田川
日和山
地下鉄東西線
蒲生
専能寺
南蒲生
浄化センター
仙台東IC
荒井
照徳寺
農業
園芸センター
新浜
若林区
文
荒浜小
荒浜
県道塩釜亘理線
深沼海水浴場
仙台東部道路
貞山堀
井土
藤塚
閖上大橋
名取川
名取市
N

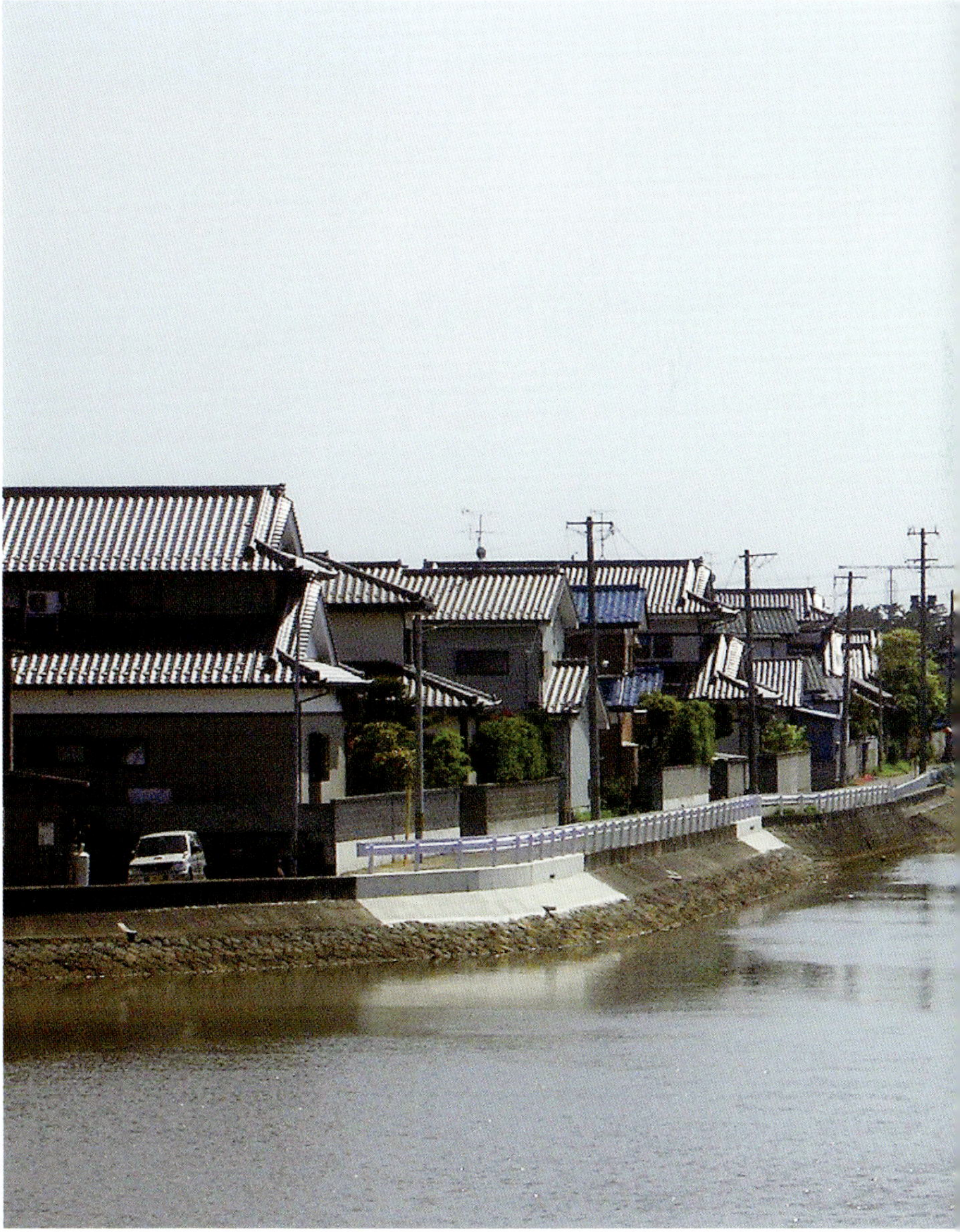

仙台市若林区荒浜を流れる貞山堀。釣り船と橋、瓦屋根の家々、松林が風景に溶け込み、まるで絵画のようだ＝2007 年 5 月、工藤寛之氏撮影

第1章　荒浜

いまをさかのぼる約４００年前、江戸時代の慶長元和年間（１６００年前後）のころである。南から渡ってきた３人の落ち武者が荒浜の海岸に寝そべっている。かなりの年のようだ。一人は長い槍を持っていた。「腹減ったなあ」。何気なく沖を眺めると、さっと海の色が変わり、魚がぴょんぴょんと飛び跳ねているではないか。「おおー」、海に飛び込み、欲しいだけ取って腹いっぱい食べた。「良いところのようだな、ここに居着くとするか」と、槍を鎌に持ち替えて家を建て、土地を開墾し始めた。松林がなかったころ。潮を含んだ風や波しぶきに苦しめられたが、いつか稲の実る日を夢見て耕作にいそしんだ。

程なくして全国行脚の僧が一人移り住み、寺を開く。３人は帰依して本尊を寄進し庵をこし

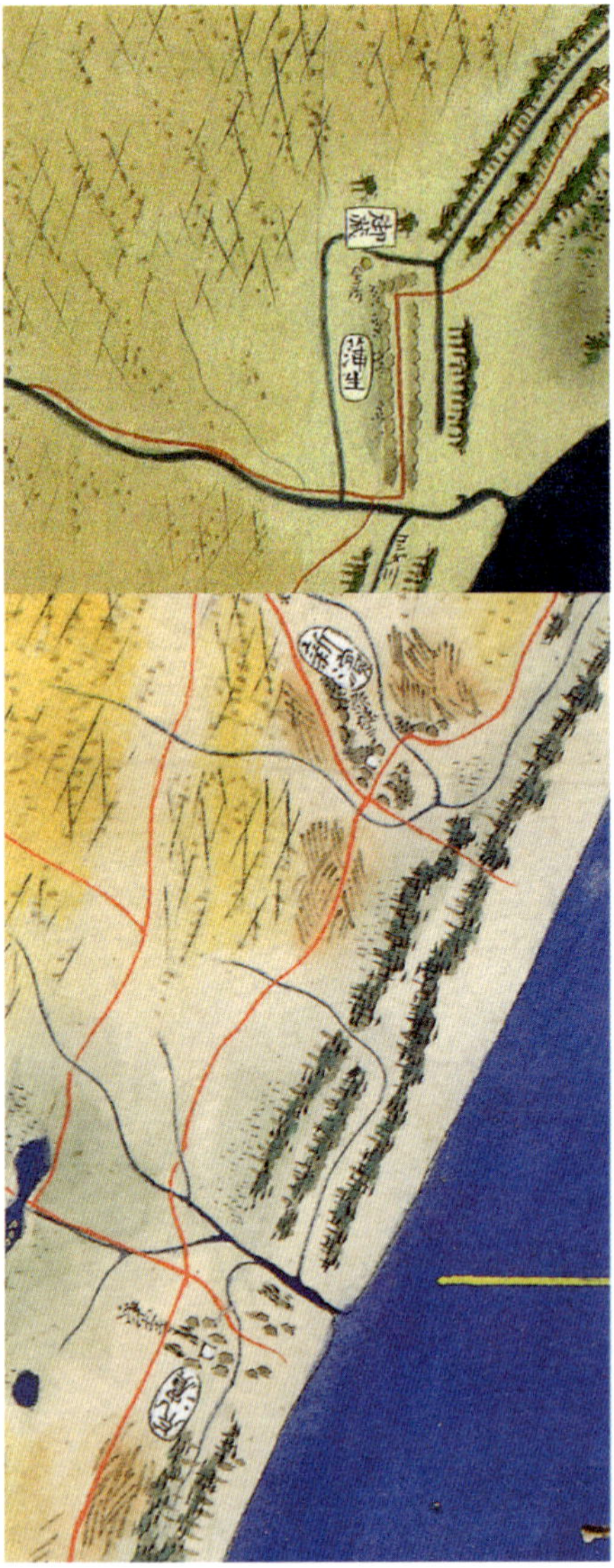

1853年の「御分領中海岸筋村々里数等調並海岸図」（海岸絵図）に書かれた荒浜の集落。上方に新浜、蒲生も描かれている（仙台市博物館所蔵）

らえた。海縁山浄土寺と名づけた。仙台市荒浜の起こりである。武士の名を越中大学、但馬掃部、土佐十郎右衛門といった。大学の姓はいまも荒浜に数多い。

１６００年にあった関ヶ原の戦いの後、伊達政宗は居城を岩出山から仙台に移し、町づくりを始めた。荒浜は小泉(後の南小泉)、蒲町、霞目、伊在、六丁目、長喜城、荒井とともに沖八ヶ村と呼ばれ、広大な農業地帯を形づくる。１８８９（明治22）年の町村制施行によって宮城郡七郷村となり、１９４１（昭和16）年になって仙台市に編入された。１９８９年の政令指定都市移行とともに仙台市若林区のエリアになっている。仙台の周辺部にある六郷や高砂なども似たような足取りをたどっている。

■豊かな海、取れた魚はおすそ分け

荒浜は唯一、農業だけでなく、漁業に生活の糧を見出した場所だった。藩制期に町から見物人が訪れたという話が伝わっている。遠浅の海岸で行われた地引き網漁や小船で波を越えていく定置網漁の勇ましい姿がよほど武士や町人には珍しかったのだろう。仙台の城下に鮮魚類を出荷する供給拠点になっていたようだ。江戸期から昭和に至る近代までの荒浜については、仙台市歴史民俗資料館監修の『仙台市荒浜の民俗』（１９８１年）と続編『山のくらし　海のく

昭和の初め、荒浜の砂浜からこぎ出していたエグリガッコ
（仙台市歴史民俗資料館所蔵）

らし—坪沼と荒浜』(86年)に詳しい。それらに依拠して見ていくことにしよう。漁師たちはその船を「カッコブネ」と呼んだ。通称エグリガッコといい、木造で、へさきはとんがり反り返っている。港がなく荒海の砂浜から直接出入りするため特殊な格好をしている。刺し網で8、9人、カク網と呼ぶ定置網で12人ぐらい乗ったという。カク網とは荒浜沖を通過する回遊魚を固定した仕掛け網に導いて取る漁法だ。早朝に出かけ、網にかかったイワシ、サケ、カレイ、サバ、クロダイなどを引き上げる。夏と秋では魚の通り道が変わる。「夏網は人より一寸でも岸に入れろ」「秋網は人より一寸でも深く入れろ」と言われた。巻き網でシビというマグロの小型魚も取れた。時には大漁旗をなびかせてうねりを越え、直角でずどんと波打ち際へ乗り上げた。

昭和の初めには朝早く、エグリガッコがそろって帰ってくる光景が見られた。大漁となれば重量を増した船を浜に上げる作業はひと苦労、イワシ油を塗って滑りやすくしたバンギという木材を船の下に敷いて「よいしょ、よいしょ」。家々の女性も子どもたちもロープを引っ張って手伝った。楽しみはお礼とご褒美の意味を込めたおすそ分け。漁師の家に生まれた50代の女性は「子どものころ、昼に浜へ出て、よく引っ張りました。『おまかない』と言って取れたての魚をもらえるのがうれしくて」と話す。

荒浜の人々と話していると、初めて耳にする言葉と出会う。バンギアアゲ、おまかないなど枚挙にいとまがない。「イナサの風」もそうだろう。情けのイナサという暖かな南東の風で、春から夏に大漁を呼ぶ。海から「ホホホホー」と大漁を知らせる声がイナサに乗って田んぼにいる人々の耳に届いたとか。反対にコチ（北東の風）は農作物の収穫に災いを招く冷風のこと。やませと称され、雨降りと海の荒れる前兆でもある。危うい時は西にそびえる太白山を目印にして船の位置を確認する。「ヤマガケ」と言い、七ツ森や松島も頼りにした。定置網の操業では、沖合の定置網漁場を5カ統に分け、それぞれのエリアを侵してはならない。1年ごとに回り番でエリアを移動する。ある時期には清徳丸、松吉丸、辰丸、福神丸など五つあった。昔の写真集には5隻のエグリガッコがへさきをそろえて砂浜に陣取る一こまが写っている。なんとも勇壮で荒海へ突き進んでいく力強さを感じさせる。それぞれに漁業権を持ち、資産家である船主を頭にいただき、多くの若い衆が付き従った。大相撲でいえば「○○部屋」など五つの大部屋があるようなものだろうか。船主は近所の娘との結婚話をまとめるなど面倒をみる。次男、三男などは分家となって別の屋号を名乗るとともに、農家のほか船大工や左官、鉄鋼業など職人になる人が多い。家柄が古く格式のある本家には「ド」、分家は「ヤ」の屋号が後ろについて、源七郎殿、鳥羽屋とかを名乗るそうだ。いまでも姓名より、屋号や船の名前の方が通りやすい。取れた魚は五十集《いさば》商人が買いつけて肴町（現青葉区大町辺り）に出荷したり、地元の女性がリヤカーに積んで行商に向かったり。荒浜という集落はこのようにして何でも村の中で済んでしまう一種の独立共同体となり、一緒に助け合って暮らしてきた。

明治期の官選史料である『皇国地誌』によって明治10年ごろの荒浜の様子をみると、174戸、1200人が暮らす。水田170ヘクタル、畑47ヘクタルのほか、物産はカレイ600駄、ヒラメ750駄（一駄は馬に乗せて運ぶ荷物の重量）、サケ300匹など。小型漁船67隻を有するとある。

■魚を追って60余年、生涯現役の船乗り

近年の資料によると、1980（昭和55）年に約200戸の農家があった。半農半漁や貞山堀のシジミ漁、ノリ養殖を入れて100戸近くが何らかの形で漁に関わっていた。その数は急激に減り続け、数十軒になっていたところ、2011年3月11日に発生した東日本大震災による津波によって甚大な被害を受け、自宅と船、作業小屋などはほとんど失われてしまった。宮城県漁業協同組合仙台支所によると、2019年1月現在、仙台支所に所属している船はアカガイ、ノリ、刺し網など12隻となっている。

いまも漁を続ける男性とお会いした。松木波男さんである。1936年、荒浜生まれ。80歳を越えても天命とみて網を手放さない。不漁期にあっても不思議とたくさん取ってくるので名人の異名を取る。カッコ船には中学を卒業して、すぐに乗せてもらった。小さいときにバンギ

愛船の喜代丸をバックに笑顔を見せる松木波男さん＝仙台港の高砂船溜まり

アゲをして定置網を手伝っていたから要領は心得たもの。このころの思い出について、日焼けした顔に満面の笑みを浮かべながら語る。「荒浜はいい海だった。いまと違い、春先から季節季節の魚が何度も押し寄せてくる。イワシはたくさん取れるし、クジラも網にかかったよ。漁民の生活の場だった。海が荒れたとき、浜に帰って船を押し上げるのは苦労した。荒波の中で若い人が押してくれたものだ。沖合ではアンカー（いかり）代わりとして米俵に土肥を入れ、重りにして船の両側からヨーイ、ドンと一斉に落とした。機械の資材がなかったからなあ。昔の砂浜はいまの倍の広さはあったと思う」

だんだんと船数が少なくなったのだろうか。カッコ船には年輩者が残ることになり、松木さんは名取市閖上や千葉県銚子港に場を移す。さらに北洋底引き網漁船、いわゆる北転船に乗り込み、北海道沖でトロール網を流した経験を持つ。20代初め、漁師の兄を海の事故で亡くした。遭難事故をきっかけに漁をやめ、親のことを考え、稼ぎのため2年ほど陸に上がり建設業をしたが、海の香りは忘れ難かった。小さな船を購入し、ホッキ貝、カレイの刺し網漁を始める。当時は貴重な食材で高値がついたという。1971（昭和46）年、荒浜の北に仙台港が建設された。もはや砂浜から単騎、木造の船を出す者はおらず、漁師はそろって港内につくられた漁船用の船溜《だ》まりに移る。宮城県内では昭和30年代からエンジン付きの動力船が主流となる。荒浜以外から出港した動力船によって外洋沖合でごっそり取られてしまい、荒浜沿岸まで魚は来なくなった。待っていて何とかなる時代は終わりを告げていた。他方で新たなチャンスも生まれた。日本一おいしいと言われる仙台湾のアカガイ漁が幕を開けたのである。

「閖上の人にアカガイ漁を教わった。昭和50年ごろかなあ。新しい船を造り、マンガン（砂地をかき取る大きな熊手）を放り込んで30分引っ張ると、コダマガイ、ホッキガイもよく取れた。宝の海だった」。秋の夕暮れ、仙台港の高砂船溜まりに帰港した松木さんは休憩所の中で身振り手振りを交えて話し続けた。

船溜まりでは不思議な光景が見られた。大漁だった人も、不運にも手ぶらで帰ってきた人も、同じ大きさの箱に平等になるように分けて持ち帰るのである。それぞれの船から漁獲物を1カ所に集め、人数分に等分して箱に分ける。くじ引きで自分の箱を決めて車に積み、「じゃあ、また明日ね」と帰宅の途に就く。松木さんと若いころからの仲間、同年代の佐藤吉男さんはベテランの漁師である。アカガイ漁などに長くいそしんできた。荒浜の自宅跡に作業小屋を再建し、網の手入れを欠かさない。船の名から「大吉丸さん」と呼ばれる。二人とも声が大きい。野太くてよく響く。魚の選別をする娘の佐藤優子さんは「板子一枚の下は地獄と言うでしょう。ちょっとした掛け声のあるなしによって助かったり、命を落としたりするのです」と教えてくれた。漁獲を等分に割るプール制も同じ理由からという。取れた人、取れない人が意地になっていがみ合っていては、いざ危険な時に助けてもらえない。手柄に関係なくみんな仲良く支え合う。長年息づく暮らしの知恵なのだろう。新鮮な魚は近所親類におすそ分けされる。「あら〜、なんだい。いつも悪いねえ」と言って受け取る。今度はお返しに取れたての野菜や米をどっさりと渡す。まるで物々交換のようにして生活を支え合ってきた。

作家の司馬遼太郎さんに漁師の心底を活写した一文がある。『歴史のなかの邂逅《かいこう》3』に収められた「菜の花の沖　あとがき」がそうである。「菜の花の沖」は江戸期に北の航路を開いた高田屋嘉兵衛の生涯を描いた。司馬さんは嘉兵衛の古里、兵庫県播磨灘を訪ねている。「漁民には、ほぼ共通して、一種野太い自我があることもわかってきた。そのことは、魚をとるという一事にかかわっているらしく、何をどう言いかざろうとも、魚がとれなければ飢えるのである。漁村は、江戸期もそれ以前も、浦・浦方とよばれる。(中略)浦方は、天候、風浪や潮流さらには魚と魚群という、日々刻々に変化する自然を相手にしている。自然の動態を見つつ、ほとんど瞬間に生まれ、つぎの瞬間には消えるような条件を海からつかみ出すようにして魚をとる。条件の見さだめは、農業と異なり、訓練と天分による。あくまでも、自己の能力が頼りである」

「わしらほど、この世で自由な者はないと、かつて岩屋の路傍で会った壮齢の漁師が大声でいったことがあった。かれらは一人乗りの小舟を出して鯛を釣り、何尾かつりあげるだけで、生計《たつき》が立ってしまう。つれた明石鯛はそのまま阪神の料理屋の調理場にもっていって買わせるという絶妙な地の利を得ているためで、小舟一つ身一つであるがために費用はさほどに要らず、親方につかえる必要もなく、世間へのわずらわしい儀礼や心づかいも要らない。たれに遠慮があろう、とその岩屋漁師が、胸郭いっぱいに海風を入れていった」

明石の鯛を荒浜の魚に変えれば、そのまま当てはまるのではなかろうか。「取れなければ飢える」というのは確かなようだ。荒浜で不漁が続くと資産家の船主は田畑や権利を手放し、没落した家もしばしばあったという。

松木さんの愛船は「喜代丸」という。この船を襲ったのは不漁ではなく、震災による大津波だった。2011年のあの日、港につないでいた多くの漁船は流され、残ったのは5隻のみ。置いてあった網に重油が流れ着き、何かの弾みで火がついた。喜代丸は燃えて灰となった。「もうやめるしかないと覚悟した」。南三陸や閖上など漁の盛んなところに比べて、行政もてんで舞いで、もどかしい。どうして仙台市の漁家は後回しにされるのか、仙台では主要産業ではないからかと落胆した。荒浜の家も流され、何もかも失って気持ちがすさんだと回想する。

気を取り直して新造船を模索するものの、どこも注文が殺到していて同じ宮城県内の漁協や友人との順番待ちになる。ふだん仲の良い漁師の間に一時、すきま風が吹いた。1年休んで2012年3月、中古の船を購入し、ワタリガニの刺し網とアカガイ漁を再開していまに至る。集団移転先である若林区の住宅地に新居を構え、そこから仙台港へ通う。伝統の「おまかない」が復活し、取れたての魚が松木さんの手で新しい団地に住む荒浜の人々におすそ分けされ、喜ばれている。「わたしの人生は波にもまれてここまで過ごしてきた。いろいろあったなあ」。周囲の人が名づけたあだ名は「疲れを知らない鉄腕アトム」。

■沿岸漁業ピンチ、ノリ養殖に活路見出す

荒浜の人々は先祖伝来の農地と海の幸を元手にして生計を立てていた。昭和30年代に和船から動力船による沖合操業が盛んになるにつれ、沿岸漁業だった荒浜は少なからぬ打撃を受ける。魚が岸まで来る前に大型船に捕まえられて、荒浜沖まで回遊してこなくなったのだ。漁場に5カ統あった定置網エリアは1カ統に減った。他方で、稲作も転換期を迎えていた。米余りの末に国は減反政策へとかじを切る。それほど裕福な土地柄とは言えなかった荒浜に、二つの苦難が押し寄せてきた。

佐藤利幸さんは1938年、半農半漁の家に生まれた。カッコ船に乗りながら田畑にも精を出していたが、30歳のころ、減反政策に失望する。「一生懸命やっても未来はないと思いました。七ヶ浜の親戚がノリ養殖をしていたので見習いさせてもらうことにしました」と本業をノリに移す決断をする。最初は小さな船を仙台港から出して木の葉のようにもまれるなど危険な目にも遭った。慣れてくると、はしごいかだを上手に入れ、網を張ってじゅうたんのように美しい海の畑から摘み取るようになった。

こうした土俵づくりの作業が毎年9月に始まるころ、陸では稲刈りの季節となる。減反を強いられるとはいえ、有数の農家でもある佐藤さん。ちょうど陸の終わりと海の始まりの時期が重なり、てんてこ舞いとなる。夜中の2時までノリ乾燥機を動かすので寝ている暇はなかった

という。春は春で、ノリの最後の収穫と田植えが重なった。妻のまさ子さんも苦労の多かった日々を思い出したよう。ノリの売買価格は不安定で採算割れ寸前になることもある。機械は高価で常に更新しなくてはならない。「とにかくお金がかかるから、人件費をかけないように夫婦一緒でないとできないですね」と口を合わせる。

全国の有名百貨店から上位１００人に選ばれ、名人として顔写真を飾られたこともある。仙台湾のノリ養殖業者は多いときで20数軒に上った。だんだん減って10軒、そして荒浜で最後まで残ったのは数軒だった。佐藤さんも震災前の２００７年まで約40年にわたって続け、病を理由に第一線を退いた。

２０１１年3月、津波で家や作業小屋を流され、若林区の集団移転先に落ち着き先を求めた。古里について、こんな話をしてくれた。「荒浜の人は人一倍努力しました。海に近く塩害がひどいので、七郷地区と比べて田んぼの収量は少ない。悪条件を克服し、生活水準を上げるため、塩害に負けない丈夫な稲を育ててきたのです。助け合いながら、兄弟親戚のように付き合い、昔からの風習を守ってきた。外の町からの出入りは少なく、親密度が高いのは良いことだけど、義理人情が濃すぎて交際費がかかりすぎる点もありました。震災によって荒浜４００年の歴史はひとつの区切りとなります。いまは新しい地域になじもうと頑張っています」。かつての名人は冷静に先を見据えている。

震災から４年ぶりに行われた稲刈り。右奥は荒浜小 ＝2014 年 9 月

津波で浸水した水田では、土の一部を入れ替えるなどして土壌回復が図られた。２０１４年9月末、被災した田んぼで4年ぶりに待望の稲刈りが行われ、農家は久々に収穫の喜びを味わった。仙台の米産地として次世代に引き継がれ、新たな食文化を担っていくのだろう。

さて、独自の文化が根づいたとされる荒浜の古くからの風習、言い伝え、信仰とはどういうものだったのだろう。家と暮らしについて目を向けてみよう。

■風習と信仰、暮らし、お嫁さんと家族

荒浜に多い苗字は大学、松木、佐藤などだろう。北隣の新浜や蒲生地区では平山、下山の姓、南隣の井土地区では大友の姓が多い。濃い血縁関係が旧村落の中で結ばれていることを示唆している。

「お正月はいいもんだ。雪のようなママ食ってコッ

パのようなドド（魚）食って油のような酒飲んで。お正月はいいもんだ」。荒浜の人々は年初めのひととき、疲れた体を休めて酒を飲み、歌に興じた。とは言っても男性の気楽な過ごし方である。女性は年末からとんでもなく忙しい。中島久子さんは同じ荒浜の家に嫁いだ。震災で家を流され、仙台市内の団地に居を移したいまも地域の伝統文化を守り、語り続ける。１９３４年生まれ、80歳を超えてかくしゃくとしている。女性たちから一目置かれ、昔のことなら中島さんに聞けと言われるほどだ。「お正月、お盆、年末年始といつも大忙しでした。さらにお葬式となれば親戚や契約講の人たち30人分の料理を用意します。それが何日も続くのです。荒浜の女性は働き者ばかりでしたよ」。はて、契約講とは耳慣れない言葉である。調べてみると契約講は仙台市沿岸部の各地にある。町内会とは一風異なる。10軒ぐらいの気の合う家同士が契約きょうだいとなって、仲間の家の不幸に際しては近隣や遠くまで知らせに走り、家での通夜葬儀を手伝い、お寺まで鐘や太鼓を鳴らし、行列を成して野辺送りをする。ひつぎには白と黒の綱をつなぎ、手に持って「南無阿弥陀仏」と念仏を唱えながら歩いた。葬式のほかにも何かと助け合う心強い共同体である。

中島さんは、ことのほか精進料理に心を砕いたという。30人分の献立はざっとこんな具合だ。「煮」と「角の物」の二本柱。煮は油揚げにだしを染み込ませる煮物、角はシイタケ、コンニャク、サトイモなどを一つずつ味つけして汁をかける料理という。素材は家の畑から取る。このほか、ごまあえ、あま納豆、くるみ豆腐、ごはん、とうふ汁、おひたし、おしんこ、水菓子などを並べる。食べるだけならいいが、よくもこれだけ用意できるものだ。「給仕はたいへんでも、怠りなく、おろそかにしないという一心です。荒浜の女性はみんなそういうものだと思っていましたから」と話す。何十人分のお膳にのせるおわんなどは各家から借りておくことがある。屋号のマークが書いてあるので返すときに便利とか。

結婚式にも、もちろんいろいろなしきたりがあった。ご自身の体験を含め、再現してみたい。長持ちたんすを持つ人に付き添われ、花嫁は歩いて嫁ぎ先の家まで歩いていく。遠くからくる嫁は馬車で来た。珍しいので子どもたちが寄ってくる。「ゲンザン」と呼ぶ親族が嫁入り行列をつくる。正面の門から入るとき、なぜか笠《かさ》をかぶせられたとか。「この家の者となり出ていく（離婚）ことのないように」という意味がありそう。家によっては井戸の水を一杯飲み干す。「早くこの家の水になじんでください」

その前の作法として、お婿さんがもらい受けにお嫁さんの家を訪れ、お膳と酒でもてなされる。今度はお嫁さんと親が嫁ぎ先へあいさつに訪れ、お振る舞いを受ける。魚料理、祝いごとに欠かせないお吸い物（五色のかまぼこを使う）が定番だった。『荒浜の民俗』によると、式の1週間後あたりで一度実家に帰ったという。疲れただろうから息抜きしておいで、と優しい配慮もあったようである。

屋敷の造りは、寄せ棟造りの母屋と農機具を入れる作業場が並んで建てられ、馬や牛を飼っていた。どの家も井戸を持ち、飲み水と洗濯用に使われた。通門を通って漁師の若い衆や雇われ人の寝る小部屋《ネベヤ》がある。母屋から離れていて若い男女のデートの場や青年たちの討論会の集会所にもなったとか。「ネベヤさ、酒持って行く」といったように。かまどや風呂でたく燃料は海岸林の松葉を使った。冬の松葉さらいについては第3章「新浜」で触れることとする。

講と名のつくのは契約講以外にもある。山の神講は、子宝祈願をするために小牛田（現宮城県美里町）の山の神に詣でる女性の集まりである。古峯《こばはら》講は火伏せの神である栃木県の神社にお参りする。三山講は山形県の出羽三山詣でのこと。3年に1度、伊勢講といって伊勢神宮まで足を延ばすこともある。いずれも農作業の合間を縫ってのバス旅行といったところ。女性たちは久々に羽を伸ばしておしゃべりを楽しみ、うっぷんを晴らした。震災の後、これらの講は続かなくなり、集まったという話はついぞ聞くことがなくなった。中島さんは荒浜を離れたいまも七郷などの市民センターに呼ばれ、精進料理の作り方を若い人たちに伝えている。レシピの中身はもちろん荒浜の「煮」と「角の物」である。

■お盆の灯籠流しとお念仏

２００６年にＮＨＫが全国放映した『イナサ～風と向き合う集落の四季』という番組がある。荒浜の1年をつぶさに追い、中でも年中行事の彩りのある風景は鮮やかだった。あまりの美しさに息をのんだシーンがある。８月のお盆、亡くなった先祖を弔う無数の灯籠がまばゆい光を放って貞山堀を流れていく。バックには女性たちの念仏が詠唱されていた。わらで作った舟が燃やされて長い供養の一日は終わる。

２０１８年８月18日夕暮れ、震災によって途絶えていた夜の灯籠流しが８年ぶりに復活した。津波の犠牲者を弔っているのだろうか、和紙に「高いところから見ていますか。たまにはかえっておいで」「安らかに」「復興」「忘れない」などと書かれた２００個の光の列が川面に浮かんだ。貞山堀の土手にテントが設けられ、浄土寺住職の読経の後に黒服姿の女性10人が姿を現した。念仏講といい、長く伝い継がれる「深沼念仏」がいよいよ始まる。中島久子さんは中央に座り、呼吸を整えた。まず歌ったのは浄土宗の宗歌で吉水講（流）のご詠歌「月かげ」。ご詠歌は全国バージョンで、和歌から選ばれた一首を巡礼の印として歌う。「月かげの　いたらぬ里はなけれども　ながむる人の　心にぞすむ」という歌詞はどこかで聞いた人もいるだろう。

さて、念仏講オリジナルの深沼念仏は、ゆっくりしっとりと時間をかける。灯籠流しのときに必ず歌われる。お盆様という歌はこういう歌詞である。「一、天竺のだるまが池のはすの葉

復活した夜の灯籠流し。200 個のまばゆい光が辺りを包む

自筆でもろもろの願いが書かれた灯籠

「深沼念仏」を歌う女性たち。独特な節回し、おごそかな声が川面に響く

を　申して下ろしてよねとたむける」「二、七月は哀れ嘆きの月なれば　野でも山でも油火をたく」「三、とろとろと流るる灯籠をみもうせば　蝋《ろう》の光で水に輝く」「四、つるつると昇る灯籠をみもうせば　天に恐れて地に輝く」。右手に鉦《しょう》という鐘、左手に鈴を持って鳴らす。荒浜なまりが入るのが特徴だ。深沼念仏集は全巻37集あるそうで、各家にあった分厚い1冊はすべて流されたとか。中島さんは母親から口伝えに耳で聞いて覚えたほか、農作業中に文句を手に書いてそらんじたという。

「人が亡くなると真っ先に行ってお念仏をしました。初七日まで毎日。海難事故があれば海岸にござを敷き、早くお仏さんが上がるように祈りました。震災がなければいつまでもお寺さんで亡き人をしのんでお念仏を続けられたと思います。離れ離れにはなりましたが、こうしてお盆に皆さんで念仏を唱えることができ、涙がこぼれました」

震災前、新盆の家では5メートル《メートル》はあろうかという柱のような高灯籠を立て、提灯をつるした。道を間違えないで家に帰ってきて、という目印。3年は立て続けたという。8年ぶりに夏の風物詩を復活させたのは、元住民と復興を支援する若者グループでつくる実行委員会だった。被災者には生まれた土地に戻りたい気持ちと、すっかり変貌した古里を見るのは忍びないという複雑な感情がある。こうして少しずつ戻ってくる機会をつくり、心のわだかまりを溶かしていく。準備に奔走した若者たちに、中島さんらは何度も感謝の言葉をかけていたのが印象的だった。

（※注）荒浜は別名、深沼とも呼ばれる。仙台市農業園芸センターに近い大沼や南長沼の水深が深かったことからついたという説がある。仙台市唯一の海水浴場も深沼海水浴場の名で知られる。深いくぼみがあり、うっかりしていると溺れる怖いイメージがあった。

■貞山堀の恵み、シジミ漁と大運動会

海の近くに三つの祠《ほこら》がある。春と秋にお祭りのある神明社、漁業の神様である湊神社、そして1年の漁の無事と大漁を願う八大龍王である。八大龍王の碑はイナサの吹く南東を向いていた。ハッテラサマと呼ばれる龍王は難陀《なんだ》、跋難陀《うばなんだ》、沙伽羅《さがら》など八人の神のこと。大の酒好きと

海岸近くにある八大龍王。銘文の書かれた石碑は津波によって倒され、そのままになっている

伝わる。初日の出の朝、手を合わせ、漁の始まる時期に大漁旗を立てて酒と魚を供える。子ども神輿が繰り出すにぎやかなお祭りだった。震災後、赤い鳥居は健在だが石碑は横倒しとなり、いまもそのままになっている。

南東から吹くイナサが北西からの風ナライに変わる秋、最大の伝統行事である荒浜小学校の学区民大運動会が行われる。ふつうは子どもたちが主役なものだが、ここでは地域の全員が参加し、東、西、南、北、石場、新興住宅地である新町の地区対抗戦の様相となる。名誉をかけた負けられない一戦だ。庄子千枝子さんは1944年生まれ、現在の泉区上谷刈から嫁いできた。北から来たので「ヤマネ（山のふもと）」と呼ばれた。浜言葉の荒いのにびっくり、魚屋へ買い物に行くと、言い争いをしているように見えたという。庄子さんがひときわ驚いたのは運動会の盛り上がりだった。西区の場合、夏ごろから小学校校庭を借りて綱引き、玉入れなどを練習する。夜ご飯を早めに済ませ、電気を引っ張って夜遅くまで続く。当日、神明社で勝利祈願して学校まで行進する。各地区とも、赤、緑、黄、青などおそろいのユニホームに手を通し、声をからし太鼓をたたいての応援合戦は名物と言われた。「競争心をむき出しにして、みんな真剣でした。ランナーの足がラインの内側に入ると、『違反！』とアピールして、まるでけんか腰になるの。東区の勝利にかける気迫はすごかった」と回想する。

号砲を前にして行われる企画会議では、ライバルの得意な競技についてルール変更を提案し、力を弱めるよう図るが、相手もそうはさせまいとその案をつぶしにかかる。練習ぶりを偵察に行く、などということも。最も加点の点数が高く、逆転を狙い燃え上がる地区別対抗リレーを最後に終えて決着がつけばいつもの仲間同士、肩をたたいて酒を酌み交わし、健闘をたたえ合った。「走った、転んだ、笑った」。運動会を終える

荒浜小の最後の大運動会。1000人が集まり、綱引きなどに汗を流した

と稲刈り、冬の準備を迎える。荒浜小は、七郷小と統合されることになったため、最後の「学区民大運動会」が2015年9月に開かれた。会場となった七郷小の校庭には世代を超え、各地から1000人が集まり、玉入れや綱引き、親子3代リレーなど14種目を地区対抗で競った。おそろいのブルーのユニホームを着て参加した女性は「懐かしい顔ぶれに会えてうれしい」と再会を喜び合った。最後に全員で「荒浜音頭」を踊り、昔話に花を咲かせた。

のんびりと釣り糸を垂れる人、航跡を残してのどかに行き交う小船、水面に映える緑の松林…。貞山堀は仙台の沿岸部を南北に貫く水の道だった。絵に描いたような風景を記憶している市民は多いだろう。荒浜を通っている貞山堀は明治期に造られた比較的新しい水路で、新堀と称される。貞山堀は歴史的に長い年月をかけて建設された。その建設の歴史や全体概要については、第2章「蒲生」と第5章「貞山堀のこれからを考える」で後述する。なお、資料によっては貞山運河と呼ばれることが多いが、根幹部分は江戸前期に着手され、藩制期に出来上がっていることに鑑み、この本では「貞山堀」と称している。

庄子千枝子さんは伝統ある念仏講に加わっている。自宅を流され、集団移転した若林区の新居で家族と暮らす。貞山堀灯籠流し復活の日、中島久子さんらとともに唱和した。この堀には思い出がいっぱい詰まっている。「休みの日には子どもとハゼ釣りを楽しみました。知り合い

貞山堀のシジミ漁。多くの人と船が繰り出した＝1969年、小野幹氏撮影

からシジミとシャコエビをおすそ分けされ、夜のおかずになりました。南の井土浜まで足を延ばすこともありました」と話す。海とつながり、内陸の川からの淡水が混じる。カレイ、フナやウナギなど汽水域ならではの魚種も取れた。貞山堀から思い浮かぶのは、シジミ漁のにぎわいだろう。最盛期には初夏から夏にかけ、長いさおを持ち、たらいのような入れ物を浮かべた男たちが腰まで水につかって底をかいていた。取れるときは足の裏にじゃりじゃりとする感触がどこでもあったほど。水はきれいで健康食としてもてはやされる。戦後の食糧難に際しては、体力がついて内臓によいとされたので、前の日に取ったシジミをお昼のみそ汁にする家庭が多かった。荒浜生まれの三浦敏成氏の著書『荒浜―昭和二十年代からのメッセージ』にシジミ取り

の思い出が書かれている。「子どもにとって遊びである一方、実益を兼ねた家の手伝いにもなるので一挙両得だった。泳ぎながら疲れると岸寄りで足元のシジミを取り、本気で取る場合はバケツやザルを持ち男女ともパンツ一枚となり、腰を上げて取る。取れる所は決まっている。ヨシがよく生える場所は土が黒くて黒シジミとなり、砂地ではシジミが黄色くきれいに見え、足元も心地よかった。干潮のときは、表に現れた石垣と堀の間の砂地に入り、バケツで水をかけ、現れたシジミを次々と取る。一升分以上取ったこともある」。１９６９年撮影の写真では数十人の男たちが長いさおを操り、船を浮かべて群がるようにして取っているのが分かる。

だんだんと生息数が減ったため70年ごろから、内水面漁業権を持つ漁協組合員に限定するとともに、秋から稚貝を放流する養殖に移行する。収穫したシジミは女性たちがショイカゴに背負い、国道4号バイパスを越えて南小泉、連坊小路方面まで行商に歩いた。荒浜は、城下町を東に延ばすところの入り口にある荒町とも農産物の販売を通して深いつながりを持っていた。人の往来の盛んな町との「荒・荒コンビ」と言えようか。震災の直後、被災して身を寄せた避難所では、荒町の商店主たちが炊き出しをして支援した。荒浜の人々に計り知れない恩恵をもたらした貞山堀もやがて、農業用水の排水受け入れ、仙台港開港による水流の遮断停滞、護岸改修工事などによって汚れがひどくなり、ヘドロの臭いに悩まされることとなる。プランクトンがすみづらくなったのか、シジミなど生息物は少なくなり、庄子さんが楽しみにしていたハ

荒浜に恵みをもたらした貞山堀。静かに水をたたえる＝2006 年 4 月、工藤寛之氏撮影

ゼ釣りも、大きいものがかからなくなったことで下火になっていった。

■ポンポン船に乗って松島へ遠足旅行

もともと堀を開削したのは船の航行を盛んにし、海岸部の交通アクセスを便利にするためだった。ノリ職人だった佐藤利幸さんは小学生のとき、船に乗って松島まで遠足に行った思い出を持つ。仙台港の建設前のこと。北は塩釜から南は名取川河口まで堀は一本でつながっていた。１９３５（昭和10）年ごろ、ポンポン船というモーター定期船の運航が始まる。定員15人、荒浜から乗ることができて塩釜まで1往復あった。「伝治さんという方が始めたのでトコデンと言ったなあ。船から見る景色はとても素晴らしかった。荒浜の漁師が塩釜の港へ通勤するのにも使われていて、帰りは取れたての魚をたくさん積んで帰ってきました」。塩釜神社詣でに重宝され、年とともに船は大型化されたが、トコデンの後継ぎがなくバス運行の開始もあって休止されたという。郷土誌によれば、平田船という無動力船もあった。全長15《メートル》ほど。長方形の箱型でミズサオをさして航行した。米や肥料、まきなどの燃料、砂利などの建築材料を運んだ。生活に必要な物資を届けてくれる便利な運送屋さんといったところだろう。水上で寝起きした人もいたようで、ギターやバイオリンを奏でる音が聞こえたという。何とも優雅な話である。

■慶長地震津波とコメづくり

1873（明治6）年に創立された荒浜小学校の開校140周年記念誌をひもといてみる。冒頭の地区紹介では、江戸期の新田開発について触れている。1611（慶長16）年、慶長地震津波が起きた。「人々は塩をかぶった湿地をくわと人力で青々とした水田に変えていきました」と先人の苦労をしのんでいる。

春に田植えが近づくと、内陸の七郷（荒井村など）から人手を借りる。「結《ゆい》」と呼ぶ習わしで大人数をかけて短い期間に済ませる。なまり言葉で「よいがし」「よいなす」とも言った。人手を借りた相手の家で田植えをするとき、今度は出かけて行って手伝う。お互いに貸し借りをして人手不足を補った。女性も貴重な働き手である。そのうちに見初められたり、恋愛関係になったりと若い男女の交流の場にもなったようである。１６４５年ごろの江戸前期の統計資料である『正保郷帳』によると、荒浜の村高は本地（田畑）１９２石と新田99石となっている。１８２０年ごろの江戸後期の『文政風土略記』では村高７６４石に増えた。内陸隣側の荒井村をみると、前期は本地１０４０石、新田８１７石。後期はぐっと増えて村高３６０３石に上る。面積の違いを考慮するとしても、相当の開きがある。海風を受けながらの耕作の厳しさは察するに余りあるものがある。

藩制時代の新田開発については、郷土史家である木村孝文氏の『若林の散歩手帖』に詳しい。「藩では野谷地を開墾した新地を加増給与し、貢租を減免するなどして、新田開発を奨励した。新田部落は兵農組織として、土着した御足軽御徒組の集居部落となった」。こうして田畑となる可能性のある適地を見立てて藩に願い出て開いたところを「見立新田」と呼ぶ。荒浜の西側にある笹新田、藤田新田、神屋敷など広大な水田の広がる土地には刀をくわに持ち替えた侍の気概と汗が染み込んでいる。藤田など人名を取った地名にいまもその名残をとどめている。

慶長地震津波にまつわるエピソードを紹介しよう。この日、藩主の政宗は酒のさかなを求めて家臣２人を海に派遣した。しかし、漁師は「潮の様子が異常なので船を出せない」と断った。家臣の一人はそれで諦めたが、もう一人は主君の命だと言って６、７人の漁師を従えて船出した。しばらくして山のような大波が襲いかかり、船は漁師の住む里山の上にある千貫松という場所に流れ着いた。船を松につないで波が引くのを待って里に下りると、一面残らず流失していた。

溺死者は1783人、牛馬85頭と言われる。地震にまつわる言い伝えとして、若林区霞目の浪分《なみわけ》神社の伝承がある。海岸線から6キロほどの場所に建てられ、もともとは現在より500メートル海側にあった。昔、大水に襲われたとき、神社の前で波が左右に分かれて引いて行った説や、白馬にまたがった海神が波を分断して人々を救った説がある。この地震が慶長地震のものか、869（貞観11）年の大津波のことなのか、はたまた2千年前の弥生時代にあったとされる津波なのか、明確な裏付けがないので判然としない。東日本大震災の津波は昔の神社の場所近くまで達し、真実味を増したことで一挙に注目を集めるようになった。伝説をありえない話とおろそかにせず、真摯《しんし》な姿勢で受け止めることの意義を今回の震災は教えてくれている。

■東日本大震災と荒浜、現地再建を願う。行政訴訟も辞さず

「仙台市若林区荒浜で200人から300人の遺体が見つかったとの情報があります」。2011年3月11日夜の緊急通報が一部メディアを通して流れた。衝撃的な数字を含んだ情報を聞き、多くの人は言葉を失った。実際に荒浜で犠牲になったのは186人。しかし、大都市にあ

る平野部の集落が津波に遭うという常識を覆す事態を前にして、当方も立ちすくんだ一人だった。あの日からの出来事を時系列にたどってみたい。

午後2時46分、三陸沖を震源とするマグニチュード9の地震が発生し、大津波が沿岸部を襲った。貞山堀沿いに立ち並んでいた集落はほとんどのみ込まれ、がれきにうずまる平地へと一変した。被災者は避難所に身を寄せ、仮設住宅に移った。仙台市は新しい生活の場所として防災集団移転促進事業による安全な土地への移転方針を決定した。内陸部の各所に移転候補地を用意するとともに、6月に東北大学、日本アイ・ビー・エムと協力して津波浸水シミュレーションを実施した。津波防御用に7・2《メートル》の防潮堤と6《メートル》のかさ上げ道路が建設される。次に比較的大きな津波がきた場合、2《メートル》以上の高さの波をかぶると予想される地域を「防災施設の整備を行ってもなお危険性の高い地区」とした。数十年から百年に一度の津波を想定している。荒浜一帯について海岸から内側を南北に走る県道塩釜亘理線ま

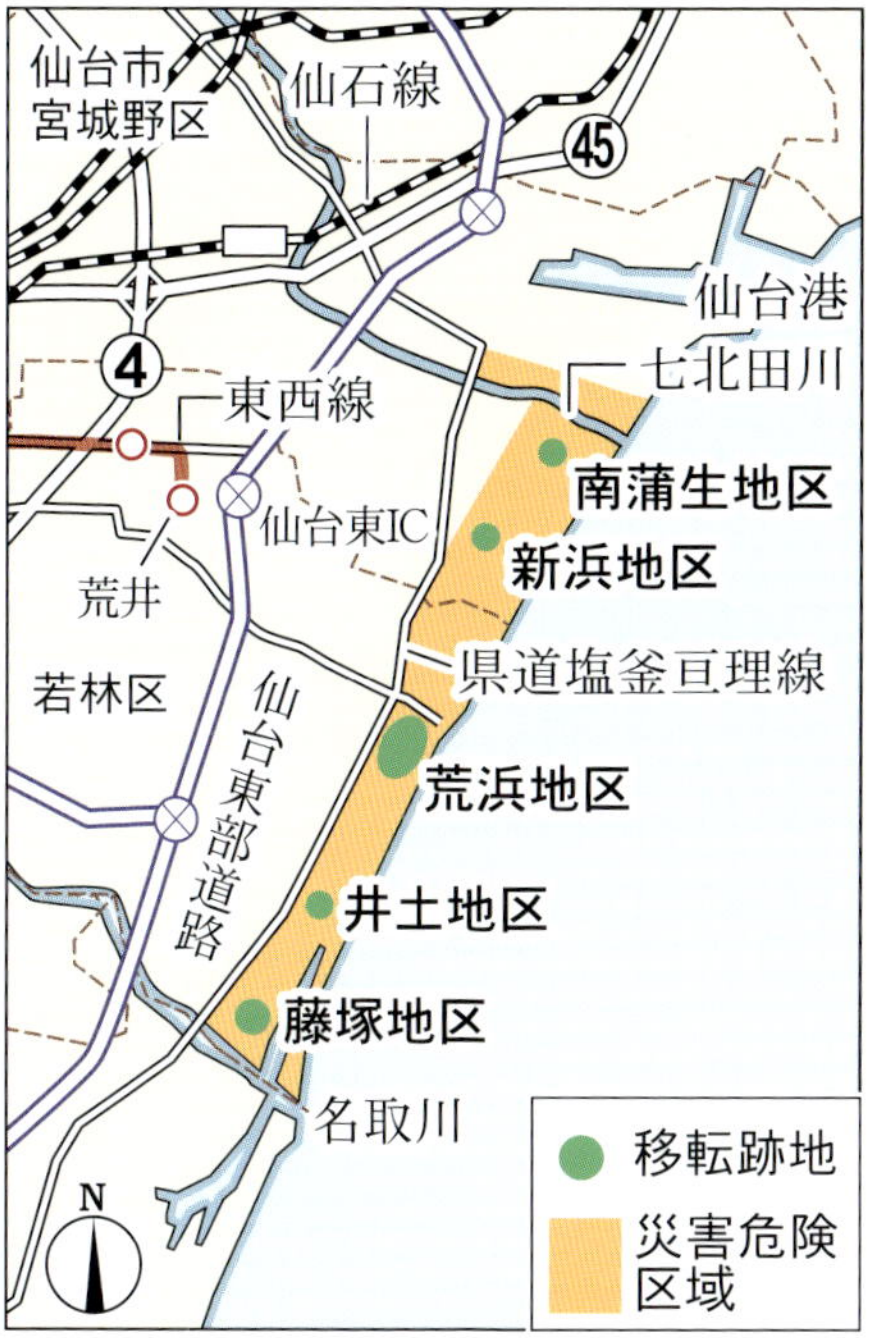

災害危険区域の地図

でを浸水予想地域とし、この区域は家を新しく建てられない「災害危険区域」となったのである。増築も制限され、荒浜の住民は元の土地へ戻ることが難しくなった。仙台市は移転を希望する被災者の宅地を買い上げ、負担軽減措置として住宅再建の利子補給などの支援助成をするメニューを設けるとともに、災害公営住宅を建てて仮設住宅から新居への引っ越しを図った。災害危険区域を指定する条例改正が可決されたのは12月16日の市議会定例会のことである。震災が起きてからわずか9か月のスピード審議だった。住民が先祖伝来の古里にいずれは戻れると考えていたところに、行政が「待った」をかけたのである。

住民の対応は二つに割れた。真っ黒な津波が松林を越えてきた恐怖を忘れられず、住まいの移転を望むグループと、土地に対する愛着の深さから再び家を建てて戻りたいグループとで意見が食い違う。当初、仮設住宅の集会所で一緒に話し合いを持っていたが、次第にそれぞれ別の曜日、時間に集まるようになった。移転希望組は「荒浜移転まちづくり協議会」を設立し、市との共同歩調を取る。他方で現地再建組は「荒浜再生を願う会」を旗揚げし、別々に動き出した。

年が明けて2012年の正月すぎ、道端に看板が立てられた。「わたしたちは荒浜の再生を心から願う。移転を希望するものも、住み続けることを希望するものもふるさと荒浜が大好きです。どちらも生きていける道を探しております」

再建の方策は二つの道に分かれても荒浜を思う心は一つなんだよ。そんな素直な気持ちが込められている。ご来光を拝みにきた市民は駐車場の張り紙を目にする。「この荒浜に安全に生活できる施工、ライフラインをしてもらい、住み続けたいです。ふるさとをいつまでも生活の場として残してください。応援お願いします」

やがて黄色い旗を何枚もひもにつないで掲げる風景が出現した。あちらこちらの住宅跡地にはためく黄色い旗は現地再建を望む人たちのメッセージだった。映画『幸福《しあわせ》の黄色いハンカチ』の主人公にちなみ、必ず家に戻るという思いを表現した。住民の菩提寺である浄土寺が被災し、野辺の送りに使われる五色ののぼりは流されたものの、不思議と黄色い旗だけが1本、がれきの中から拾い上げられた。宿縁と感じた人たちが希望の象徴として黄色を選んだのは必然の成り行きだったのだろう。

「荒浜再生を願う会」の要望は、人の住めない災害危険区域に指定した市の決定を見直してほしいというものだった。住民に十分な説明もなく、震災から9カ月で決めるのは早すぎる。ほかに歩み寄りの方策はないだろうか。代表を務めた貴田喜一さんはこう語る。「1年を通してこんなに住みよいところはなかった。夏は涼しく冬は生け垣が風を防いでくれます。親類、近所の人との結びつきは深い。もう一度再建して住みたい気持ちが強かったのです。それに津波の危険があると言っていたら島国の日本で沿岸部に人は住めなくなるでしょう」。同じ被災地でも名取市閖上では、かさ上げした上での住居再建の方策が模索されていたこともあり、「荒浜でも」という気持ちもあった。貴田さんは１９４５年生まれの荒浜育ち、住宅の外装建材卸業を営んでいた。願う会の代表になると、有識者や全国の支援者を招いた勉強会「荒浜フォーラム」をはじめ、貞山堀や深沼海水浴場の清掃活動などを呼び掛け、共感の輪を広げていく。海沿いの自宅跡地に集いの場「里海荒浜ロッジ」をつくり、イベントの打ち上げにおやつを振る舞うピザ窯もこしらえた。

現地再建の願いはことごとくはねつけられ、願う会の要望活動はいよいよ新たな段階に入る。どうしても危険区域の指定による建築制限を見直さないのであれば、その是非を裁判所の判断に委ねるという。憲法22条は「何人も、公共の福祉に反しない限り、居住、移転の自由を有する」と定める。自由な権利を侵害するとして仙台市を相手取り、危険区域の指定取り消しを求める行政訴訟を起こすことを検討し始めた。２０１２年4月、市に対して公開質問状を提出したが、市側の回答はあらためて危険性を強調し、危険区域指定を見直す考えはないとの意向を示した。仙台市にしてみれば、ここだけ例外を認めることは、次に災害が起きたら危険な地域になるという理由で海岸部を人の住めない所とし、代替地を用意する大方針が論理的に破たんする。こぞって集団移転を進める前提が崩れることになる。

貴田さんらメンバーは弁護士と相談し訴訟の準備に取りかかる。全国でも例を見ない津波建築制限の行政訴訟に関わるとあって法曹界の関心は高く、弁護士10人が顔をそろえた。ところが、途中から雲行きは怪しくなる。「わたしたちも勉強になるし、提起する価値はある。必ずよい方向へ向かう」と乗り気だった弁護士グループの間に、「長きに及ぶ裁判を果たして続けられるだろうか」と疑心暗鬼が広がる。原告団となる住民側は9人。長丁場となる裁判には同志の結束が大前提だが、メンバーの中には家族の反対を抱えている者がいるなど必ずしも一枚岩ではない。弁護団費用など経済的に負担が大きく、時間的な余裕もあまりない。もし敗訴した場合、行政の決定が司法によって追認され、判例として決着、固定化するのを恐れる側面もあった。長期戦に臨むのは難しいと判断したか、勝てる可能性は低いと感じたのか、弁護士グループは引いていき、1人、2人と顔を見せなくなった。両者の間がぎくしゃくし始める。相互理解なくして訴訟を起こすのは難しい。

訴訟提起の期限となる2012年6月、願う会は裁判に持ち込むのは難しいとして行政訴訟を見送ることを決めた。貴田さんは「苦渋の決断だった。古里に戻ることを諦めたわけではなく、災害に備えた安全な暮らしができるよう市と話し合っていきたい」と語った。対決から穏やかな対話路線にかじを切り、次の一手を考えていくと強調した。メンバーの一人は「穏健路線でいくと言っても、役所はそんな甘いものではないと思いました。でも、願う会全体の総意

「荒浜再生を願う会」の解散式に集まった参加者。幸福の黄色いハンカチがはためいている

なのでやむなく受け入れました。住み慣れた土地に住み続ける自由をどうして奪われるのか。憲法にうたわれた住み続ける権利について司法の場で問いたかった」と残念がる。

受難の冬は続く。里海荒浜ロッジが何者かに放火され、全焼した。気落ちした貴田さんが、もやもやした気分を振り払うかのように考えたのは、新しい荒浜のために何ができるかということだった。２０１８年６月末、願う会の解散式をロッジで開いた。支援者の寄付金と自己資金でロッジは立派に立て直されていた。60人いた会員は減り続けていたが、この日は荒浜ファンの支援者ら80人がロッジ前に駆けつけ、郷土食を振る舞って話に花を咲かせた。7年の活動に幕が引かれた。ある意味で大きな権力との戦いの日々だった。高名な憲法学者に津波建築制限訴訟の違憲性について聞いたことがある。こういう答えが返ってきた。行政には「公共の福祉」と安全な暮らしを守る見地から個人の権利を制限できる裁量権を持つ。ただ、裁量権の枠をはるかに逸脱し個人の権利を制限し過ぎていないか、役所はやり過ぎかどうかが問われる。いずれ前例はなく、訴えを起こす側には相当の覚悟がいるとのことだった。一部住民の現地再建の願いは届かなかった。震災後の対応をみていると、行政は被災者をひとくくりに捉え、制度を盾にして事を進める。震災からあれよあれよと言う間に防災集団移転の方向が定まり、災害危険区域の指定までわずか9カ月だった。住民は翻弄《ほんろう》され、それが心の傷となった。海岸部の集落は都会によくある新興団地と趣が違う。村の中のルールを守り、契約講などで助け合って生きてきた。繰り返しになるが、固有の風土で暮らしてきた住民は津波シミュレーションや条例改正、集団移転制度などという耳慣れない外の力によって、よくそしゃくする時間を十分与えられないままに今後の道を選択せざるを得なかった。長く息づく歴史文化やコミュニティーのつながりを理解していれば、もう少し寄り添えるやり方があったのではないかと思えてならない。酷な選択をさせたとの前提に立ち、まちづくり復興計画では住民の声やアイデアをより広く、より深く吸い上げることがあっていい。

「新しく作った名刺を見てください」。貴田さんは一枚差し出した。住所は「若林区荒浜字中堀南」とあった。震災前の家から1・2キロ内陸の石場地区に移ったものの、ここの住居表示は「荒浜」を残している。荒浜の住所のままでいたかった。震災によって図らずも全国の人々から暖かい支援を受けたことは望外の喜びという。これから仙台市とともに、クロマツ海岸林を再生する取り組みやサイクリングロード沿いのサクラ植樹を進め、荒浜の文化を継承させたいという。あくまでこだわり続ける彼が解散式で述べたのは「おわりははじまり」という言葉だった。

■深沼海水浴場にパラソルの花

震災にまつわる切実な話が続いた。ここでひとつ、心が浮き浮きする話題を取り上げたい。仙台市唯一の海水浴場、深沼海水浴場に思い出のある市民は多いだろう。街の方面から東へ真っ直ぐの道を走り、潮の香りがして緑濃い松林が近づけば海水浴場は目の前だ。貞山堀に架かる深沼橋は古い造りでいかめしい。戦前、陸軍第二師団歩兵第四連隊の射撃演習地があり、大型車両が通れるよう1936（昭和11）年に頑丈なコンクリート製に造り直したという。

バス停から浮き輪を持った子どもたちが歩いて松林をくぐり、砂浜に出ると「わーい」と歓声が上がった。かき氷や焼き鳥などの「海の家」が立ち並んだ。海の家のおじさん、おばさん

震災から８年ぶりに遊泳可能となった深沼海水浴場。
期間限定ながらあの光景が戻った

たちは荒浜の漁師一家だった。７、８月は休漁期とぶつかり、小遣い稼ぎにはちょうどタイミングがいい。アカガイ漁の佐藤吉男さんも貝の串焼きに自慢の腕を振るった。娘の優子さんは「家の蔵にはいつも米８俵が取ってありました。海水浴客が食べるおにぎり用でした」と話す。

地元の荒浜自治会が仙台市から委託され、見守りから駐車場の管理まで手掛けていた。震災があってから遊泳禁止とされていたが、久々に「わーい」という声が戻ってきた。２０１８年７月末、４日間の期間限定という条件で遊泳が解禁された。「あらはまワイワイキャンパス」と銘打って仙台市が企画し、事前申し込みには１８００人の応募があった。８年ぶりの遊泳可能な海開き。天候の回復した後半2日間にはパラソルの花が咲き、出店の前に長蛇の列ができた。震災前まで毎年泳ぎに来ていたという若林区の40代の女性は「昔に戻ったようでとてもいいですね。深沼で遊ぶのは遠慮していましたが、もうふつうに来てもいいんだなあと感じました。松林をくぐるようにして砂浜に出たのが懐かしい。木々がすっかりなくなったのは寂しいです」と語った。宮城野区の40代の女性は「学生時代によく来ました。10年ぶりです。きょうは小学生の息子2人を連れてきました。主人はまだその気になれなかったようです。気軽に立ち寄るようになるまでは時間がかかるかも」と感想を述べた。

海水浴も貞山堀の灯籠流しと同様、若い人たちや復興を支援する人々が準備を手伝い、海開きにこぎつけた。自治会の会員が離散している中での運営や避難場所の問題などがあって本格的に再開されるのはいつになるか決まっていない。それでも少しずつ荒浜のにぎわいが戻り、交流が生まれる中で前に進んでいると実感させるイベントだった。イナサの優しい風が子どもたちの頬をなでていた。

◇

荒浜の風土を表す行事として、秋の小学校のイナゴ取り授業、海岸林の松葉さらいやキノコ狩りなどがある。仙台市沿岸部には同じ慣習があるので、こうした風習については第2章の「蒲生」、第3章の「新浜」に譲ることとする。

こぼれ話!

竹製の虫かご&灯り屋さん

荒浜には手を動かすのが好きでプロのような職人技の男性が少なくない。家の物が壊れたら庭に運んでトントントン、すぐに直してしまう。エンジニア出身の二瓶照満さんも器用な手わざを生かして竹製品をこしらえている。60代半ばのとき、震災で家を流され、新居でぶらぶらする毎日だった。あまりにも暇なので手すさびに小物を工作していたが、ある日、知人のつてを頼って大倉ダムの近くへ木を切りだしに行き、割れにくい古い竹を選んで作り始

竹製品を並べる二瓶照満さん

めた。「浜工房　照」と名づけた。

2018年8月、地下鉄東西線荒井駅に併設されている「せんだい3・11メモリアル交流館」の屋上庭園で、縁日のお祭りが開かれ、二瓶さんの竹製品が販売された。六角形に切った卓上竹六角灯は3日がかり。桜や赤トンボ、雪だるまの形にくり抜き、中から明かりが辺りを照らす。虫かごなどぬくもりのある工芸品もあり、子どもを連れた主婦らが次々と買い求めた。お盆などには震災遺構となった荒浜小学校にも飾られる。二瓶さんは「毎日テレビばかり見ているより、手を動かしていた方が楽しい。売れるかなと思っていたらなかなかよい手応えがありました」と初めての出展にまんざらでもない笑みを浮かべた。

震災前には「荒浜文庫」の活動をしていたという。引っ越し先の宮城野区新田でも続けている。絵本の読み聞かせをする妻を手伝い、木製のキャラクターを製作する。まるで名前のごとく、満々と周囲を照らし続けている。

第2章　蒲　生

御蔵場跡の周辺には空き地が広がる。かつては物流の拠点だった

「この広い空き地を見てください。江戸時代に米などを保管する御蔵場《おくらば》があったところです。幾つもの米蔵が建ち、10万俵を収蔵できたと言います、商いや物流の仕事をする人たちで、にぎわったことでしょう」。仙台市宮城野区の蒲生干潟近くの原っぱで、案内役を務める武田繁三郎さんは昔の地図を広げながら誇らしげに語った。武田さんは1945年、蒲生の生まれ、現在は利府町に住む。時々懐かしくなって古里に足を運ぶ。武田さんの家は七北田川と貞山堀の交差する地点、北閘門《こうもん》のところにあった。船の往来のため堀と川の水位を調整する水門のこと。中学、高校生のころ、門番から「(武)三郎、開けるのを手伝ってくれ」と呼び出された。バルブをぐるぐる回す2人がかりの力仕事だった。行き来する船は、櫓《ろ》をこぐ川船とモーター

昭和30年ごろの北閘門。貞山堀のルートである舟入堀の様子をよく伝えている

船の2種類あった。蒲生は水田、畑作など農業の盛んな土地柄である。川船は、蒲生で取れた野菜を積んで塩釜に持って行き、魚に変えて帰ってくる。朝4時に出発し、クジラの刺身などをどっさりと積んで夕方、戻ってきた。「わざわざ仙台の町場に買いに行くことはなく、新鮮でおいしい魚が手に入りました」。モーター船とは巡航船のことだろうか。『続・地元学（みやぎの区民協議会編）』によると、蒲生―塩釜間に蒲生丸と高砂丸という定期船が1日1往復あった。30人ぐらい乗れて塩釜神社のお参りや夏の船遊びで人気があった。高校のボート部もここから七北田川に出て、よく練習していた。

貞山堀の水は清冽《せいれつ》だったという。武田さ

んの母親が堀で米を研いでいる間、ハゼを取って夕ご飯のおかずにしたとか。蒲生の人々はたいてい泳ぎが達者だ。近くには蒲生干潟と太平洋が広がる。うらやましいぐらいに自然に囲まれ、受益を分け合って暮らしていた。荒浜と同様に山の神講や、葬儀のときにお知らせして式を手伝う契約講など濃密なつき合いがあった。山の神講は安産祈願のお参りのこと。小牛田の神社に詣で、枕を借りてきて子宝が授かったら枕を返しに行くのだという。大家族を切り盛りする若いお嫁さんたちにはつかの間の息抜きタイムだったろう。少し変わった風習に家屋新築の際に行われる「どんづき」という習わしがある。武田さんは昭和30年代に近所の人に頼んで「どんづき」をしてもらった。土台の基礎固めのことで、10人ぐらいで電信柱のような太い柱をロープで引き上げ、一斉にドーンと落とす。拍子を合わせるために歌うのがどんづきの唄。「ここは大事な大黒柱　みなさん頼むぞ綱手の方よ　ここは大事なすみ柱　締めてこずけば地が締まる　家の身上はかかあで持つ　かかあの腰巻きひもで持つ（中略）まんま食うのと色の道　一人娘をくれるぞ婿よ　打つなたたくな一人寝せるな抱いて寝ろ　どんづき突き突きためたるお金　明日はどこかでちゃらほらと　鼻たれ小僧はどこの子だ　かかあと親父の顔見たい　はげた頭は人だけど　馬とべここ（牛）はげたの見たことねえ」。ちょっと艶っぽくなったところで酒が振る舞われた。

清らかだった貞山堀は昭和40年代、仙台港の建設が始まると汚れ始める。港の開港によって

昭和 30 年代の舟入堀。かやぶき屋根の家が立ち並ぶ

七北田川河口近くの舟入堀には、小船が係留されていた

塩釜までの道は遮断され、水路がふさがると流れは止まり、後に緑地公園となった。周囲は区画整理されて新しい家が建ち、風景は様変わりした。仙台港建設のいきさつと工業団地造成、住民の移転については後述する。

■貞山堀着工、長い歳月をかけて造られた

さて、時計を巻き戻して蒲生の生い立ちと貞山堀の誕生について振り返ってみる。ここで言う貞山堀とは舟入堀《ふないりぼり》のことである。堀の通る前、蒲生は蒲のよく繁った一面の湿地帯だった。それが江戸時代に開かれた水運によって人と物の行き交う盛り場として栄えたのだった。広い地域にわたって流れる貞山堀は、長い年月をかけて造られている。時代を追ってみてみよう。まず仙南地方。1601年、伊達政宗が城と城下町を建設するのに当たり、大量の建設用材を必要とした。阿武隈川河口・納屋から名取川河

藩制期の貞山堀ルート 1

「わたしたちの中野」

口・閖上間に水路を引いた。全長15キロ、木曳堀《こびきぼり》と呼ぶ。設計施工したのは川村孫兵衛重吉。長州の生まれで関ヶ原の合戦後、浪人をしていた。土木測量の才に優れ、政宗の目に留まってスカウトされた。後に北上川の付け替え工事を行い、石巻では東国最大の港と呼ばれるまでの基礎を築いた恩人として知られる。阿武隈山地で切り出された木材は海に出ることなく、木曳堀と名取川、広瀬川をさかのぼった。岸から小船を引いて城下の舟丁、河原町まで「ヨイショ、ヨイショ」。流れの速い広瀬川を上るのである。さぞ重労働だったろう。木材のほか米も運ばれ、城下への食糧供給を担ったものの、人口5万を超える都市の胃袋を満たすにはまだまだ足りない。コメどころの仙北地方から運ぶ必要が生じた。二つ目の運河、舟入堀建設への伏線につながっていく。

　仙台市立中野小学校の先生たちが1986（昭和61）年に発行した『わたしたちの中野』を開いてみよう。学校で作られた地域誌は数々あれど、歴史や自然、風習、戦争中のことまで緻密に調査執筆しているこの本は、末永く残る良書とされる。そもそもの自然形態から舟入堀着工までの経緯がつづられている。「政宗の時代、七北田川は七ヶ浜の湊浜に流れ出ていたのですが、大水のたびに多賀城、七ヶ浜、中野のあたりの田畑は水をかぶり作物が台無しになり、農家の人々を苦しめました。水害を防ぐために福田町の南あたりで七北田川の流れを二つに分け、一つは梅田川に合わせ、町蒲生にも流れるように計画しました（放水路）。やり遂げたのは蒲生村の村主、小野源蔵という人でした。源蔵はほうびとして政宗から、よろいかぶとなどをもらいました」。町蒲生は蒲生の中で町場と言われた地区のこと。確かに下賜《かし》された具足などは小野家に大切に保管されていた。ここからは貞山堀や四ツ谷用水など仙台の水の文化に詳しい郷土史家の佐藤昭典さんの著書に拠《よ》る。佐藤さんは生前、『もう一つの潮騒』『利水・水運の都　仙台』などを出版している。放水路ができてから湊浜に向かう流勢は衰え、次第に閉塞していく。蒲生の方に多く水が流れるようになったのである。

2代藩主忠宗の時代、船で塩釜に集まる物資をいかにして仙台城下へ運ぶかが大きな悩みだった。牛馬で運ぶのには急坂がきつく、1頭に載せる荷物も限られる。船なら1隻でかなりの米俵を積むことができる。忠宗は船の活用を思いつく。「塩釜と七北田川の間に運河を築くように」。蒲生領主で土木家の和田織部房長と家臣の佐々木伊兵衛に指示した。和田家のルーツをたどると奈良に行きつく。縁あって政宗に召し抱えられた。奈良では「畑《はた》の姓を名乗っていた。こちらに来て、なまって和田になった」との説がある。1658年、和田房長らは塩釜・

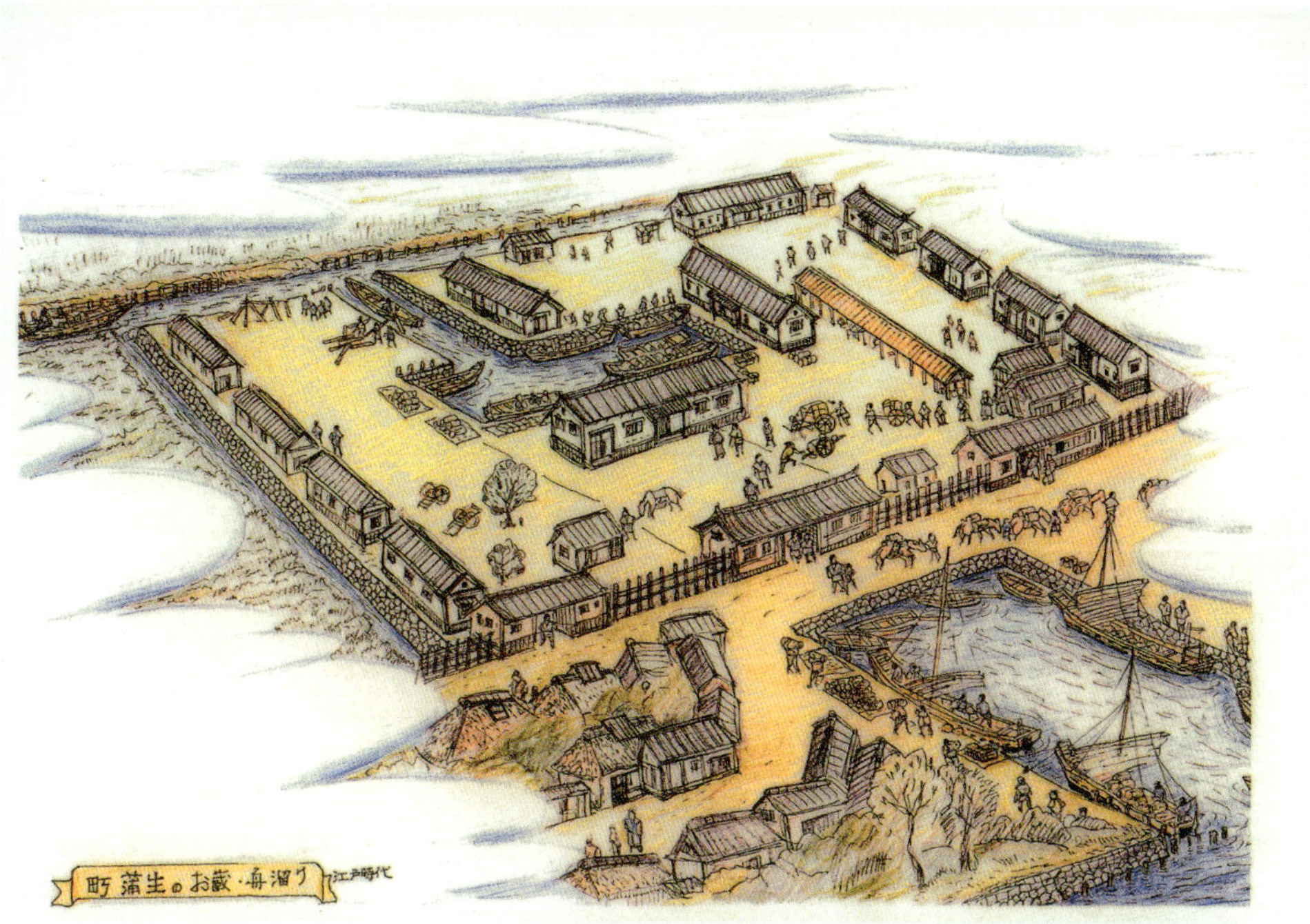

江戸時代の町蒲生。船溜まりと御蔵場のにぎわいが分かる

牛生から多賀城・大代まで1・8キロを貫通させた。幅12メートル、深さ1・5メートルほどの規模とされる。さらに難工事の末、15年後の1673年に大代から蒲生まで5キロにわたって運河を延ばした。舟入堀の完成である。当然のように七北田川の河口は完全に蒲生へと付け替えられた。緩流の七北田川は大量輸送に適している。和田房長は舟入堀と併せる格好で、七北田川上流に位置する鶴巻（福田町）—苦竹まで5キロの水路を掘った。これを舟曳堀《ふねひきぼり》という。幅は7メートルから10メートルぐらいあった。このように貞山堀完成までのプロセスはかなりややこしい。地図を見ながらざっと米俵のたどるルートをおさらいしてみる。塩釜から舟入堀を進み、終点である蒲生の米蔵に荷揚げされる。川船に積み替えられ、高瀬堀という小水路から七北田川に出る。七北田川をさ

かのぼり、鶴巻で再び陸揚げされる。また積み替えて舟曳堀へ。堀はいつも空堀にしておき、使うときだけ近くの梅田川から水を注入した。両側の岸から人の力で引っ張り、苦竹にある蔵に収められた。三度も積み替えの労を伴うのは面倒だったろう。しかし、七北田川と直接つなげば大水の際に暴れる恐れがあり、城下や集落へ水が浸入するのを避けたとみられる。南から木曳堀、北からは舟入堀と舟曳堀によって仙台城下へ食糧などの物流が届けられることとなった。藩主は忠宗から4代綱村の治世に移ろうとしていた。

塩釜神社に奉納された石灯籠

荷物の集積する蒲生は、こうして荷揚げする船舶の船溜《だ》まりとお蔵の町となった。明治5年の記録には米蔵6棟、塩蔵4棟、役所2棟や長屋があったと記されている。宿場町の顔を併せ持ち、魚問屋や荷駄を扱う商人などで活況を呈した。戦後も建物は残っていて、体育館のように広かったとか。子どもたちの格好の遊び場になっていたとの話も伝わる。

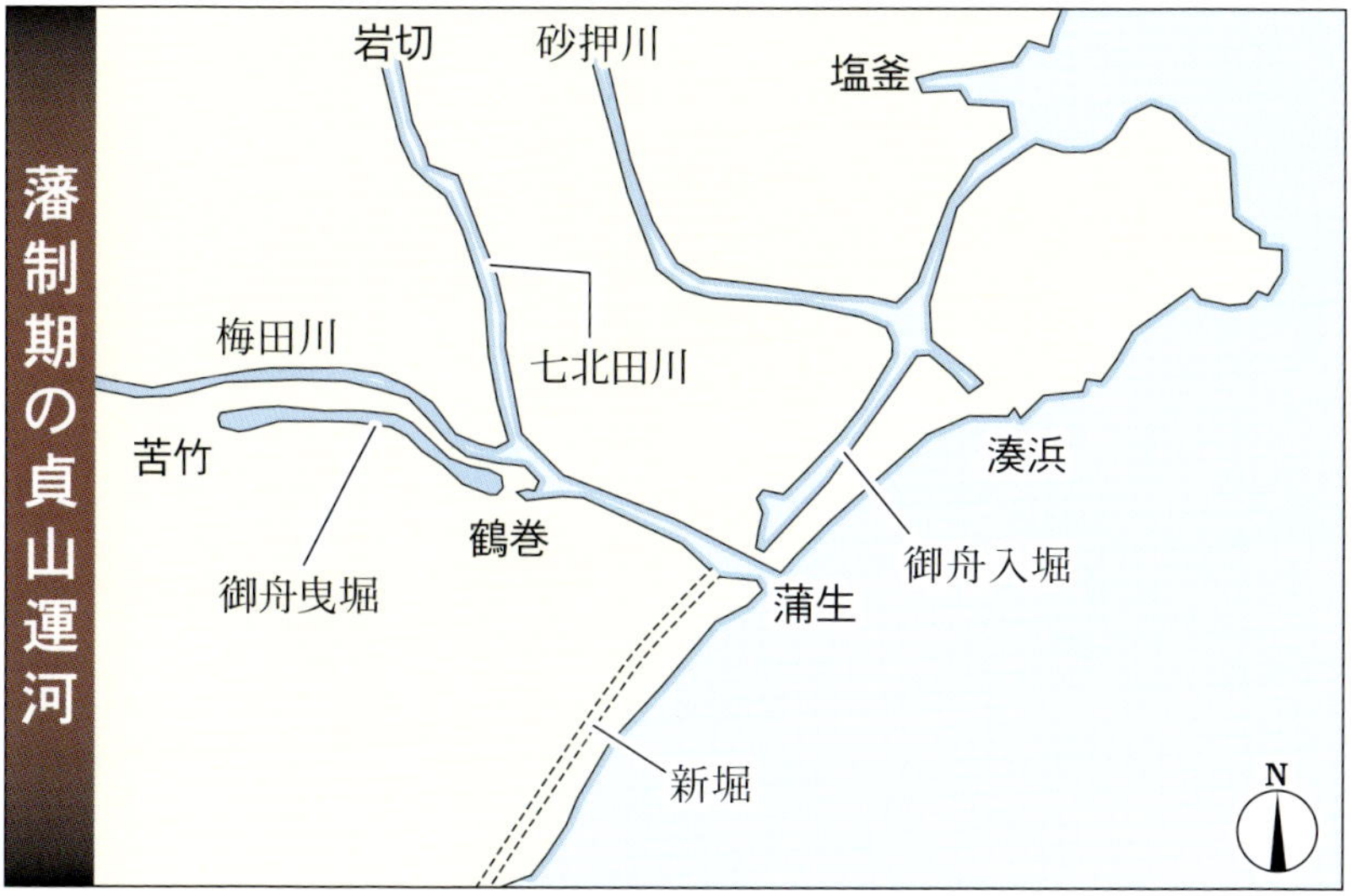

藩制期の貞山堀ルート　2

蒲生の辺りは地盤が軟らかでもろく、砂地も多い。掘っては水が噴き出して埋まり、また掘っては崩れることの繰り返しだった。350年前の土木工事がいかに難しかったかを物語るエピソードと史跡が残っている。工事責任者の和田房長は、ほとほと困り果てたのか、神様にご加護を頼むこんな願い文を書いている。「わたしは政宗公以来の悲願である運河開削の事業を命じられました。しかし、東方海までの30里の間には山あり川あり、人力の及ばざる難所あり。塩釜明神の神力をもってやがて武士や人夫に犠牲もなく竣工すれば、この利水により永く国が豊かになると思われます。所願成就した際は、そのご恩の御礼として石灯籠二基を献納し、春夏秋冬の参詣を欠かさず、永く神社に感謝を申し上げます」。文中にあるように塩釜神社に願掛けをしている。その石灯籠はいまも塩釜神社の唐門近くにひっそりと立っている。1673年、房長は約束通り、舟入堀完成の年に祈願のかなったお礼として献納したのだった。高さ2メートル《メートル》をゆうに超える大きさで、「寛文拾三」「三月吉祥日」「和田半之助」といった文字が刻まれている。海沿いに水路を引く難工事を無事終えて、約束通りに石灯籠を納めたときの房長の喜びはどれほどだったか。計り知れない苦悩と強い使命感、運河のルーツを示す何よりの証しと言っていい。石灯籠そばの立て札には、佐藤昭典さんによる説明文が書かれている。「舟入堀と舟曳堀は、二百余年にわたり塩釜港を補完した。2011年の東日本大震災により多くの運河遺構を喪失したいま、貞山運河の遺構として貴重な価値がある」。蒲生の景観はすっかり変わったけれど、房長をはじめとした先人の功績と歴史は失われていない。かつての「舟の道」を語り続ける石灯籠に復興への願いを託す人々は少なくない。

もう一つは地区内の高砂神社にまつわる言い伝えである。掘削工事は困難を極め、神にすがるしかないと現場責任者らは小さな祠《ほこら》を建てた。開削は順調に進み、庶民の崇敬を集めることとなる。後に4代藩主の綱村が巡回に訪れた折、ここの風景は播州（現在の兵庫県）の高砂浦と似ていると感想を語り、それから高砂神社と公称されるようになった。播州の地は川が播磨灘に流れ込む河口にあり、農村と漁村の交じった地域、交易の窓口でもあった。なるほど、美

蒲生の守護神、高砂神社はいまも地域を見守る

しい海岸線といい、よく似ている。能の代表作である「高砂」は、高砂浦と住吉にある相生の松を題材にした夫婦愛と長寿のお話である。「高砂や〜この浦舟に帆を上げて、月もろともに出て潮の　波の淡路の島影や　遠く鳴尾の沖過ぎて　はや住吉《すみのえ》に着きにけり」と結婚式で歌われるおめでたい演目で知られる。1889（明治22）年の町村制施行で、蒲生、岡田、中野、福室、田子の5カ村は一緒になって高砂村を名乗った。1941年に高砂村は仙台市と合併した。89年の政令指定都市移行に伴い、宮城野区のエリアとなった。村名から消えても、縁起のよい呼び名は駅の名や学校名としていまも浸透している。高砂神社は70年代の仙台港建設に伴い、日和山近くの現在地に移された。震災で波をかぶり、

本殿や拝殿は失われた。数年後に現地を訪ねると本殿は新しく安置され、数本の松の木とともに踏ん張ってこの地を見守っている。聞けば、新しい本殿はゆかりの深い兵庫県高砂市の高砂神社から「どうぞお使いください」と寄進されたそうである。東西をつなぐありがたい心遣いに蒲生の人々はどれだけ救われたことだろう。所を隔てていても通じ合う相生の松を想起させる話であり、「高砂や〜」と思わず舞いたくなる。

■繁栄する蒲生、巻き返す塩釜

蒲生と塩釜、そして4代藩主の綱村には奇妙な因縁がある。一寒村にすぎなかった蒲生に物資が集まるのと裏腹に、塩釜は急速にさびれていき、藩内における地位はおおいに動揺した。塩釜市史などはこう記している。「塩釜の外港的発展に対し、大きな支障となる事件が発生した。1670年代の舟入堀の開削であった。藩の御用船が入津《にゅうしん》しなくなったことは引いて商船入港の不振となり、塩釜を甚だしく衰微させた。（中略）塩釜神社の神威を表面に立てて町の復興を図ろうとする運動が強烈に町民から盛り上がってきた」。陳情を受けた綱村は願いを聞き入れ、米以外の物資は全て塩釜に陸揚げするよう命じる優遇措置を発布した。1685（貞享2）年に出されたことから「貞享《じょうきょう》の特例」と呼ぶ。商人荷物や海産物、材木などは蒲生に運ばず、塩釜に着けることなど9項目に及ぶ。▽塩釜を藩の直轄地とし、租税の一部を免除する▽毎年

250両を支給する▽六斎市（毎月6回）の開催や荷物を運ぶ馬の売買を行う小荷駄日市の開催を認める▽3月と7月に芝居興行を行ってもよい▽新田開発や農耕に対して租税免除などの優遇を与える―など。当時の藩情勢は、いわゆる伊達騒動（寛文事件）危機を脱したころだった。一方で藩財政に陰りが差し、懐具合が怪しくなっていたという。その中でこれだけの特例を出すのは、綱村の塩釜神社に対する崇拝の念がよほど強いものだったことの表れだろう。信仰心の厚い綱村は奥州一の宮である塩釜神社を敬い、神社のご祭神を明らかにする塩釜神社縁起をつくるとともに、社殿の造営を命じている。息を吹き返した塩釜は酒造業などの商家や旅館が軒を並べる門前町としてかつてのにぎわいを取り戻す。他方で、米穀類以外の商品を扱えなくなった蒲生は水を差される形となり、その繁栄は限定的となった。塩釜優遇についてはいまも評価が分かれる。仙台一極集中を避けて多極分散の領国経営を図ったと肯定的に捉えるのと、物流拠点を複数設けるのは二重にコストがかかり、経済効率に問題があるとの見方である。さて、どうだろうか。現代の都市政策に通じるものがある。

旦那衆が遊ぶ歓楽街も塩釜にあった。江戸時代、仙台城下に遊郭をつくられることがなく、明治になってから仙台に花街ができたという。小田原に遊郭があったことは知られるが、それまではわざわざ塩釜まで足を運んで酒宴を開き、お金を落とした。そんな恩恵まで受けた塩釜の人々にとって綱村は神様のような存在だ。大年寺山にある墓所には時折、塩釜の人々が拝礼

1962 年の町蒲生周辺。手前を七北田川が流れる。舟入堀(中央)が塩釜まで通っていた

し、きれいに落ち葉を掃き清める姿が見られる。

■船は生活の足。中野小学校の思い出

さて、昔語りが続いた。近年の様子について話を戻そう。大ざっぱに蒲生と言っても、御蔵場のあった町蒲生、仙台港に近い港(戊区と呼ばれた)、中野小学校近くの西原、屋敷町の和田の4地区に分かれている。町蒲生で3代にわたり酒屋を営んでいた伊藤新一郎さんは集落のにぎわいを思い起こす。1931(昭和6)年生まれ。市営バスの運行がないころで、歯医者に通うのに貞山堀のモーター船に乗って塩釜まで往復した。伊藤さんによると、蒲生に2隻、閖上に1隻、個人経営の船があり塩釜まで1時間で行けたという。お酒のほかに塩の販売をしていたから塩釜からやって来る巡航船が待ち遠しかった。「塩釜の塩問屋が、かます（むしろを二つ折りにした袋）に積んで船着き場の桟橋に下ろすのです。40キロのかますを10個ぐらい買い取ったかなあ。戦後のそのころは各家でみそやしょうゆを造っていたので塩は必需品だった」。魚屋、炭屋、米屋、肉屋、宿屋と何でもそろっていたと振り返る。郷土資料によると、東京オリンピックのあった１９６４（昭和39）年、堀を通過したモーター船は１０１隻、小船１４８６隻、漁船45隻、平田船1隻、ボート18隻と総計１６５１隻を数える航行があった。

　七北田川をはさんで向かいの南側に渡る手こぎの渡し船もあった。農家の人々は農作業の手伝いに行ったほか、下水道を浄化する仙台市南蒲生下水処理場（現在の浄化センター）の建設が始まると、伊藤さんは作業員が一服する飯場に一升瓶を届けた。とてもよく売れたといい、なかなかの商売上手である。昭和30年代には青年団の活動で海水浴場をオープンさせ、市営バスを臨時で引いてもらった。観光レジャー用の地引網体験ツアーは好評で、職場や町内会などの団体旅行の予約がたくさん入ったという。船頭に頼んで船を出し、２００～３００メートルの網を引くとハゼ、サケ、スズキなどが引っかかった。日和山近くの松林を会場に魚を焼いて一杯、天ぷらにして一献、また酒の注文を受けるというわけだ。下水処理場が64年に完成すると、やがて海水浴場は遊泳禁止となり、海の家は閉鎖された。71年に仙台港が開港して十数年後、伊藤さんは新興団地である白鳥地区にしらとり幼稚園を開校し、現在も理事長を務める。一時期、園児に地引網遊びを経験させたのが忘れられない思い出という。町蒲生には、往時のにぎわいをしのばせる建物などは何もなくなった。伊藤さんも幼稚園近くの家に住む。それでも高砂神社へのお参りを毎月欠かさずに続けている。

西原地区は、昭和50年代に港町地区から分かれた比較的新しい住宅地だった。下山正夫さんは1944年生まれ、西原町内会の地域活動を長年支えた。いまは宮城野区の集団移転先に一軒家を構え、仲間たちのつながりが切れないよう報告と連絡を欠かさず、相談に乗る。若いころの思い出と言えば、貞山堀でのハゼ釣りや七北田川での遊泳という。「砂を積んだ大きな船が通って行きました。蒲生には七北田川の砂を掘削して売る商家が3、4軒ありました。堀を北上して塩釜に着き、中の島辺りでコンクリートの材料として販売していたようです」。貞山堀にはいろいろな用向きの船が行き来していたことがうかがえる。

会社勤めをしていた下山さんの記憶に鮮明なのは、中野小学校の運動会である。荒浜小学校と同じように地区の名誉をかけた対抗戦となる。西原、和田、町蒲生、港。獲得点数の高い親子三代リレーは花形競技で、一発逆転をかけて盛り上がった。和田地区は応援歌をつくり、太鼓をたたいて乗り込んだ。「勝て勝てWチャンピオン　日ごろの腕に物言わせ　進めコースを

中野小の最後の大運動会、児童と高齢者が手をつないで走る

まっしぐら　勝ちはWと決まりたる　ベストを尽くせよチャンピオン」。4町内会がけんか腰で競う大イベントも、戦終わって反省会となれば、「お前がひっくり返ったから負けたんだ」と和気あいあい、普段のつき合いに戻る。2015年10月3日、震災で被災し閉校することが決まった中野小最後の学区民運動会が開かれた。散り散りばらばらになった懐かしい仲間たちが集まった。最後の運動会について紹介した河北新報の朝刊コラム「河北春秋」（運動会前日の2日掲載）を引用する。

〈太平洋を望む仙台市の蒲生干潟辺りは、古くから稲作と貞山運河の水運で栄えた。代々の子どもたちは中野小に通った。ここの学区民運動会は一風変わっている。大会が近づくと、農作業や会社勤めを終えた大人が夜な夜な集会所に集まる▼四つの地区ががっぷり組む対抗戦へ向け、綱引きやリレーの練習を始める。「お互いに負けられないから真剣です。四十数年続いたかな」と西原町内会の下山正夫副会長は話す。終われば一献、いつも笑いに包まれた▼震災の津波は中野小を襲った。屋上に避難した住民と児童は九死に一生を得たものの、人の住めない区域となったこともあり、多くが先祖伝来の土地を離れざるを得なかった。小学校も来年3月に140年の歴史を閉じる▼最後の運動会があす3日、児童が現在通う中野栄小で行われる。対抗戦はできないけれど、ばらばらになった顔なじみが集う。〈振れば鳴る紙の旗かな運動会　野村喜舟〉。新しい暮らしになっても日ごろの交わりを忘れずにいたい。みんなの願いである▼競技を終えるころ、ある本を配るという。30年前に先生方が地域の歩み、野鳥の自然を調べてこしらえた力作だ。かつて一家に一冊あった郷土本も、家屋とともに流されていた。タイトルは『わたしたちの中野』〉

中野栄小を会場に開かれた最後の運動会には、児童や住民300人が参加した。秋晴れの下、パン食い競争や地区対抗の綱引きなどを行い、参加者全員によるフォークソングを楽しんだ。

地域の人々の中野小への思い入れは人一倍強いものがある。コミュニティーの思い出がいっぱい詰まっている。卒業生のお年寄りに聞くと、四季折々の場面が生き生きと語られる。中でも秋の風物詩、イナゴ取りの記憶は強烈だ。中野小百周年記念誌に思い出がつづられている。「稲刈りが終わるころになると、全校生徒が一週間ぐらい、朝から午後2時ごろまでイナゴ取

中野小跡地に立つモニュメント。4つの地区ごとに歩みが紹介されている

りをするのです。風呂敷で弁当を腰にゆわえ、手拭いで作った袋に竹筒を口に結び、それぞれ田んぼへ出かけて行きます。昔は、そこいら中、跳ねるぐらいたくさんいたんだよね。午後に学校へ戻り、取ったイナゴを量ってもらい、多く取った人は鉛筆やノートの賞品をもらいました。みんな負けず嫌いだから一生懸命取ったものです。業者にイナゴを売ったお金でスポーツ用品や学習教材も買っていました」。学校には何もなかったころだから、と一言付け加えた。まさに必修の科目だったのだろう。

　下山さんは震災直後から仮設住宅の自治会長を4年務めた。愛着が深いだけに元の土地へ戻りたい気持ちは強かったが、口に出さず調整役に徹した。「もうここには住めないと市から聞いたとき、そんな話があるかと反発しました。次に津波が来たら避難タワーや高台へ逃げればいいし、大体いつ来るかも分からない。わたしと同年代の人はほとんどそういう考えでした。しかし、アンケートを取ってみると若い親たちは絶対に戻りたくないと言う。その目で津波の恐ろしさを見た人はもう嫌なのです。70代になって親子げんかしてまで意地を通すことはないと思い、譲ることとしました」。下山さんは同世代の声を代弁するように話す。校舎の消えた中野小の跡地には丘が築かれ、モニュメントが人目を引くように設けられている。151人の犠牲者の名前が刻まれた慰霊碑の隣に四つの地区のそれぞれの歴史を記した石碑も設置され、ここに独特な文化の薫る暮らしがあったことを伝えている。

■和田地区は殿さまの屋敷町

和田地区の農家に生まれた高橋実さんは、いまはめっきり少なくなった戦時体験を持つ。1937年生まれで7歳のとき、終戦を迎えた。「米軍の艦載機が日和山を目がけて飛来して弾丸を撃ってきました。陸軍の砲撃はさっぱり当たらない。各所に防空壕を掘ったり、小学校の壁を黒いすすで塗って米軍機から見えにくいようにしたり、そんな日々を過ごしていました。和田地区は仙台の街中からの疎開地でもありました。人が増えて衛生状態は悪く、しらみに悩まされました。銃に撃たれた人もいてまるで地獄絵でした」と回想する。多賀城や苦竹には旧海軍や陸軍の軍需工場など関連施設があり、そこから近い蒲生は狙われやすかったとも言われている。終戦になって地域の人々は田畑の開墾など農業に活路を見出すが、働き手となる成人男性は数少なく、子どもたちに重労働のお鉢が回ってきた。麦とイモを交ぜたご飯やダイコンぐらいしか最初は食べるものがなかったという。新制の高砂中学校はできたものの、生徒の手で校庭の土をならすほど働き手がいなかった。ようやく苦労から解放され、人手が増え、本来の実り豊かな和田地区に戻ってからは、田植えや稲刈りに子どもたちの歓声が響くいつもの光景がよみがえった。この和田地区のルーツをたどれば、その名の示す通り、江戸初期に七北田川を蒲生に付け替えて舟入堀を開削したご当地の領主、和田織部房長の一族が住んだ所である。藩の重臣でもあった和田氏は新田開発を奨励し、家臣の侍に荒地を開墾させて田畑を切り開き、収穫高を増やしていく。高橋さんは「古いかやぶき屋根の家には槍と刀が残っていました。半士半農の末えいという気位もあって和田の住民はもともとプライドが高いのです」とひとくさり古里自慢に興じた。

和田氏は、運河や新田開発、塩害を防ぐ松林の植樹に力を尽くす頼もしいリーダーとして、領民から尊敬の気持ちを持たれていた。いわば地域のお殿様のような存在だった。震災前の住宅地図を見れば一目瞭然、領主の屋敷町なのだ。当主の住む広大な屋敷の東側に、東小路、中小路、西小路、北小路、南小路が通る。道沿いに整然と屋敷割りされた家々が配置されている。

水田と畑もきれいにまとまって置かれている。各小路は直線距離で100《メートル》、ぐるりと回ると400《メートル》はあった。当主の屋敷は堀に巡らされ、まるで城郭のよう。仙台市史によると、和田氏の屋敷は1673年以降に知行地を拝領したことによる。時代とともに家中屋敷、足軽屋敷など屋敷が増えていった。和田氏の家中を中心に形づくられた集落は、やがて和田新田と呼ばれるようになった。和田氏の出身地である奈良の平城京か、京都の平安京を模したのだろうか。そんな想像をかき立てられる。震災で和田新田の町並みも大きく傷ついた。高橋さんは和田だけでなく各地区の住民でつくる「中野小学校区復興対策委員会」を組織し、委員長の役職に就く。委員会は小学校跡地にモニュメントなどを設置し、古里をしのぶ場にしようと心を砕いた。一仕事を終え、いまは宮城野区の防災集団移転団地に移り、地区全体の行く末を見つめている。

■明治時代に新堀が完成、1本の道となる

戦後、この地域にはすでに新堀という全長9・5《キロ》に及ぶ新しい運河が完成していた。明治時代に七北田川河口・蒲生の舟入堀から、名取の名取川河口・閖上の木曳堀まで南北をつなぐルートが出来上がり、舟の道は1本で結ばれたのである。市営バス代わりに蒸気船がポンポンと音を鳴らして通っていた光景が目に浮かぶ。話はいまから150年前にさかのぼる。明治以降の町の移り変わりを知るために、ふたたび中野小の『わたしたちの中野』を開いてみる。「明

治3年ごろ、舟入堀を延長して閖上まで新堀が掘られました。16年からは、宮城県の仕事として蒲生から閖上までの水路を新しく作る工事が行われました。ついに荒浜（亘理）・塩釜間が1本の運河でつながったのです。明治の世の中になると仙台藩による米の輸送はなくなり、町蒲生の人々は仕事がほとんどなくなりました。人々は相談して、荷物うけおい問屋という会社のようなものをつくりました。米蔵を利用し、塩釜から舟入堀を通して塩や砂糖、北海道のニシンなどを運び入れ、仙台へ卸していました。当時は荷問屋とよばれていました。15年、政府の東北開発を進める工事とともに木道が仙台東六番丁から町蒲生までしかれました。舟入りに着いた荷物を早く仙台まで運ぶためにつくられたもので、停車場（駅）は町蒲生と東六番丁にありました。20年、塩釜まで東北線（鉄道）が通ると、町蒲生の荷問屋に集まる全国からの荷物が鉄道によって運ばれるようになり、急に減ってしまいました。さらに、政府による野蒜築港を中心とする東北開発の計画も失敗し、木道も廃止となると、荷問屋の運送は馬車や大八車にかわりました。このようにして鉄道が開通し、陸上交通が発達したり、塩釜港も大きくなったりすると、町蒲生のようすも変わり、ひところと違って、農業を主な仕事として暮らしていくようになりました」

中野小の本に書いてあることについて、どういう出来事があったのか順を追ってみる。戊辰戦争の敗北によって仙台藩は62万石から28万石に減封され、禄を失った下級武士は路頭に迷った。元藩士の秋保昇は七北田川と名取川の両河口を結ぶ全長9・5キロの運河を計画し、1870（明治3）年に着工する。大きな目的は窮民や士卒に仕事を与えて失業対策を図ること、かんがい用水路の排水による新田開発、それに舟運の拡大だった。江戸後期にも構想はあったが、度重なる飢饉と財政難から日の目を見なかった。従来からあった横堀や小水路を生かしたようで、わずか2年後に運河は完成した。有料通船の営業を始めたものの、まだ水深は浅く、幅も狭かったため大きな船の往来まで望めなかった。折しも、政府の内務卿、大久保利通の提唱によって野蒜築港計画が進められることとなった。東日本を代表する西洋式の国際港を標ぼうし、現在の東松島市野蒜に内港と都市用地、外港停泊地などを造成する雄大なプランだった。78年、第1期工事をスタートさせ、82（明治15）年に一応の完成をみる。

　これに合わせ、出来たばかりの新堀を広げる大改修が宮城県によって進められる。同時に既存の舟入堀と木曳堀の拡幅工事にも着手した。宮城県の至る所から野蒜へ向けて大型船が集まるように、との一大プロジェクトだった。当時の文書には「七北田、名取の両河川には水路が開通している。決して良好とは言えず、浅く、屈曲が急激で軽舟も進航が容易でなく、小艇も両岸に接触する状態で、運河の体裁を整えているのは蒲生から大代の間ぐらい」と記している。改修工事は83~89年度まで7年がかりで行われた。わたしたちがいま、沿岸部で目にする運河はこのとき、改修されたものである。河川との水位差を調整するため、蒲生北と南などに閘門《こうもん》も設けられた。県の土木課長だった早川智寛氏は、政宗以来の大運河構想がようやく実現したことを記念し、「貞山堀」と名づけた。政宗の法名である「瑞巌寺殿貞山禅利大居士」から取り、その名に刻んだ。早川氏は建設官僚から宮城県庁へ転じ、野蒜築港に関わった。後に市議会から推されて仙台市長となる。蔵王山ろくや広瀬川河畔の牧場経営などにも精を出す実業家でもあった。戦後、数々の企業を立て直し、再建の神様と呼ばれた早川種三氏は息子である。

さて、米の集積地だった蒲生は通過地点にすぎなくなる恐れがあった。苦竹までの舟曳堀はすでに機能を失っていた。地元の商人たちは仙台市中心部までのアクセスの良さを生かし、残る舟入堀を通って運ばれる積み荷に望みをかける。荷物うけおい問屋による陸上運送を経て、「宮城木道社」と呼ばれる民間の馬車鉄道会社を設立した。鉄板を張った木製レールの上を馬車が四輪貨車を引っ張って走る。蒲生から、現在のＪＲ仙台駅東口の仙台東六番丁まで12キロの木道が敷かれ、82年に営業を開始した。積み荷は塩、砂糖、米、和洋小間物、古着・呉服類、繰綿、水油・石油など。毎日2往復で運行を始め、年間5万駄（1駄は馬1頭分の運送量）を見込んでいた。仙台駅近くで行われた開業式のにぎわいは、いまも語り草だ。来賓の人数は百数十人、発起人には県議会議員や有力者が名を連ねた。夜会と称するパーティーはきらびやかに飾られ、仙台で初めての立食パーティーとされている。なかなかの営業成績を上げていたようで、蒲生の商人たちもまんざらではなかったろう。

木道社は野蒜からの貨物需要も見据えていたと考えられる。ところが、政府肝いりの野蒜築港計画は想定外の事態によってとん挫する。84（明治17）年9月の台風で突堤が壊され、港内は閉塞し、1期工事の完成からわずか2年で廃港となった。栄華の夢むなしく東北開発にかけた希望は遠のき、その後の地域振興に大きな影を落とすことになる。野蒜に物流を集めようとした舟運事業も大きく転換を迫られる。「汽笛一声新橋を　はや我が汽車は離れたり…」と唱歌に歌われた鉄道は全国に線路網を延ばした。線路は北へ向かい、東北本線の上野―仙台―塩釜間が開通した。木道は鉄道にその座を奪われ、ほぼ同時に廃止された。わずか5年で役割を終えたことになる。『わたしたちの中野』にあるように、蒲生は次第に農業中心の集落になっていく。船溜まり跡は仙台港建設後の昭和50年代、周辺の企業立地、宅地開発によって埋められる。一帯は公園広場となった。南の七北田川近くに運河の名残をとどめる短い区間の水面があり、昔の写真集を見ると小型の釣り船数隻が係留されている。それも震災で流され、大きく形を変えた。こうしてみると、蒲生の歩みは仙台、宮城の開発史と深く結びついている。

現在の日和山。愛らしいバス停と「登山口」の道標が迎える

■日和山と蒲生干潟はお国自慢

蒲生の地誌を語る上で、日和山と干潟のことを忘れてはならない。日本で一番低い山と認定されたのは1991年のこと。高い山ランキングはあっても低い山ランキングのないことを不思議に思った国土地理院の職員が、全国の地形図を調べた。このころの高さは6・05メートルで、この年の地形図に「最低峰」の山と掲載された。96年に大阪市の天保山（4・5メートル）に日本一の座を奪われた。しかし、震災による津波で削られ、現在の高さは3メートルに。地元の関係者は「ふたたび日本一低い山になった」と称している。

もともとは明治後期に、海辺と天候の観測、船からの目印として地元住民が築いたとされる。地域のシンボルを知ってもらおうと、宮

蒲生干潟には貝拾いと釣り人の姿が戻ってきている

城野区高砂市民センターなどは毎年、山開きを行っている。2018年7月1日、市民ら240人が旧中野小跡地に集合し、高砂神社で安全祈願をして登山に臨んだ。流木を使った階段状の登山口から3メートルを踏みしめるように登った参加者は登頂証明書を受け取り、満面の笑顔を見せた。近くの集会所に移り、市民団体「3・11オモイデアーカイブ」の用意した震災前の蒲生の風景写真を鑑賞した。案内役の地元出身者は「地に足をつけた暮らしがあったことを語り継いでほしい」と述べ、参加者も「日和山は形を変えても残ってくれた。また集まれることに感謝したい」と話した。

国指定の鳥獣保護区特別保護地区である蒲生干潟は、この地区にしか生息できない希少な水辺の生き物や、絶滅の危機にある野鳥のすみかとなっている。砂丘のような潟地にはヨシ原が広がるほか、ハマヒルガオ、ハママツナ、ハマニンニク、オニシバなどの植物群落が見られる。日本有数のシギ、チドリ類の渡来地で、冬季にはコクガンの飛来でも知られる。アオサギなどの歩く姿が見られるほか、マガモ、コガモなどカモ類の飛来も確認される。震災で壊滅的な打撃を受け、動植物への影響が懸念されていた。年月がたち、鳥の食物となるゴカイやアサリなどの底生生物の生育が認められるようになった。生命の輝きを取り戻そうとする自然の回復力のすごさに驚かされる。日和山に人々が立ち寄るのと合わせるように、バードウオッチ、サーフィンや釣り、貝採りを楽しむ家族連れが干潟を訪れるようになっている。

荒浜ほどでなくても、それなりに漁も行われていた。仙台市史によると、明治初期には２０0戸近くが農業に従事していた一方、地域全体で小型船を67隻所有していた。七北田川河口を含む沿岸漁業でサバ、イワシなどを取っていた。明治後期から大正時代になると、養魚場がつくられた。戦後間もないころの地図にも、大きな池が幾つか描かれている。仙台駅の東口に片倉製糸工場があり、輸出用の生糸が生産されていた。その過程で廃棄物として排出されるさなぎがコイやウナギの養殖用の格好の餌になったという。七北田川南側の養魚場は市の汚水処理場に変わったが、北側にあった養魚場では盛んに養殖され、一部は関東方面にも出荷されていた。日和山の近くにおいしいと評判の割烹《かっぽう》料理店もあって、町内会や会社の会合などでよく使われていた。

■新産都市に名乗り。仙台港開港、貞山堀の一部が消滅

　昭和30年代、日本は高度成長の道をひたすら歩み始めた。工場の煙突からもくもくと煙が上がり、港に大型タンカーの出入りする都市が羨望《せんぼう》の的となっていた時代、東北にも開発の波が押し寄せた。中央から来たと言うより、地元が国に働きかけたという側面もあったろう。1964（昭和39）年、仙台湾を望む4市11町の広い地域が新産業都市に指定された。仙台、塩釜、多賀城、七ヶ浜など仙塩地区を丸ごと包む。その中心として新しく仙台港を建設し、後背地に大工業地帯をつくり上げる計画が策定された。平たんな海岸平野を掘り込む方式で、掘り進んだ面積は270《ヘクタール》、3万《トン》クラスの船が着岸できる公共岸壁を持つ。フェリー岸壁、工業用専用岸壁のほか、鉄鋼、石油コンビナート、火力発電所などを立地させる。67年に着工し、1971（昭和46）年7月に開港した。この規模の港建設には十数年かかるのが普通だった。5年以内で完成というのは相当早い。そこには土地を明け渡すことになる蒲生の人々の迷いやプロジェクトを進める技術者たちの葛藤など、紆余《うよ》曲折があった。

　仙台湾地区を工業地帯にする構想は、戦前の41年にもあった。このときは鉄道と道路が主役で、内務省仙台土木出張所長の金森正之氏がプランを立てた。太平洋戦争の激化とともに構想

仙台港の建設工事が本番を迎える ＝1969 年 7 月

はしぼんだ。今度は港を核とする。中央に追いつけ、時勢に遅れまいとばかりに行政や経済界はエンジンを吹かす。開港の年に事業主体の宮城県が監修した映画がある。『ここに港を　仙台港建設の歩み（製作・東北映画制作）』と題し、40分ほどのストーリーにしている。冒頭、蒲生に住む90代の老人が出てきて、「長年、この土地を耕し、冷害や干ばつなどに苦しめられてきた。港があれば豊かになれるのに」と語る。ナレーターが言葉を引き継ぐ。「仙台湾に漁港はあっても工業港が少ない。養殖もあって大きな船は立ち寄ることが不可能である。人工によって陸側に掘り込む港の建設が求められたのである」。映画は工事の様子や消える町並み、重機で壊されるかやぶき屋根の農家、転校する児童との別れ、晴れのオープンセレモニーなどを映して終わる。

1971年の開港後、石油コンビナートなどが張りついた仙台港。貞山堀の一部は海中に没した

当時、港の建設を担当した人物に登場願おう。塩釜市長の佐藤昭さんである。66年に大学を卒業して宮城県庁に入庁すると、いきなり港湾課に配属され、大詰めを迎えていた港の設計と向き合うこととなる。「工業立地を主眼にしていた当初の計画を見直し、公共の用地も重視しようと作業をやり直したので夜遅くまで残って仕事をしました。翌日、東京で開かれる中央港湾審議会へ資料を持っていくために徹夜もしました。こうして港の南側を鉄鋼などの臨海工業型、北側に夢メッセなど官庁機能を持たせたエリアとする現行の形を描いたのです」と振り返る。港建設の機運についてはこう話す。「野蒜築港は東北開発の幕開けでしたが、失敗し、東北地方は大きく出遅

れることになりました。その後も石巻、塩釜の外港計画など何度も挫折を繰り返しています。今度こそ、遅れを取り戻して悲願をつかむのだという意気込みでした」。外洋に土砂を入れる埋め立て型でなく、陸側を掘り進める掘り込み式にしたのは、工事が短期間で済む上、ちょっとした防潮堤を築けば波静かに安定するからだという。掘った土砂を利用して工業団地を造成でき、一石二鳥でもある。外港型だった野蒜が台風で破壊されたという歴史の反省も踏まえた。

佐藤市長は、県庁に勤めた36年の半分を港湾畑で過ごし、港湾空港局長も務めた。異例のスピードで完成した仙台港には思い入れが深い。「いろいろな事例を研究し、ほかの港で試行するなど地道にトレーニングを続けたことが生きました」と懐かしむ。

貞山堀など仙台の水の文化に詳しく、多くの著書を残した佐藤昭典さんは元県庁職員。佐藤市長の十数年先輩に当たる。同じ港湾課の仕事場で鉛筆をなめ、絵を描いた間柄だ。歴史に造詣の深い昭典さんは、仙台港を造ることによって歴史遺産である舟入堀を分断し、堀の一部を埋めてなくすことに思い悩む。『木引堀物語』から引用する。「仙台新港の計画策定の責任者を命じられた筆者は、やむを得ないにしても舟入堀の一部を港域のなかに海没させてしまうことに抵抗を覚えた。しかし、藩制時代のこの舟の道は、近代的な物流の場として生まれ変わるのだと自らに言い聞かせて、自己説得を図ったものであった」。先人が運河を開削して経済圏を築き、中央に対抗しようとした思いを引き継ぐことにもなる。そんな心境になるまでは時間を要したようだ。仙台港は順調に推移し、特定重要港湾の指定を受け、国際拠点港湾としての地位を築いている。けん引するコンテナ物流は震災で無数の貨物が港内に沈むなど大打撃を被ったものの、その後の復興需要が後押しし、驚異のV字回復を遂げた。いまの繁栄の陰に技術者たちの苦悩があったことを心に留めておきたい。

■仙台港建設、「6・4方式」の用地買収、住み慣れた土地を離れる

「公共事業には必ず光と影がある」。行政の関係者がよく口にする言葉だ。仙台港建設の光が郷土の経済的発展なら、影の部分とは、広大な港用地の買収、それに伴う住民の土地明け渡しと移転だろう。「海を埋め立てて外海に造ると思っていたら、こっち（わたしたちの土地）に来るんだもの。田んぼだらけの所になんで港を造るのかと思ったよ」。町蒲生に住み、港地区に農地を所有していた伊藤新一郎さん（しらとり幼稚園理事長）は掘り込んで造ると言われたときのことを思い出す。立ち退きを迫られたのは地域全体で約320戸、1600人に及ぶ。広さにして約1000ヘクタール以上の用地にまたがる。移転対象者の8割は農家である。専業と兼業農家が半々だった。県は用地取得の手法として「6・4方式」を採用した。いまでもお年寄りの口から「ろくよん」という言葉が出てくる。県は住民の持つ土地の60パーセントを買い取る。あとの40パーセントを住民のものとして持ち続け、自由に活用してもらう。その40パーセントも港用地にあるので離れ

点線内が仙台港の予定地。海岸の松林や田畑、民家は掘り込み港湾の用地になる ＝1968 年

た場所にある県有地と交換して、そこで農業を続けるなり、自分で進出企業や工場に売ってもうけるなりして有効活用してもらう。港が出来れば地価は上がるだろうから住民は利益を享受できる。県有地と交換して取得した場所を自分たちで区画整理して新しい街づくりをしてもいい。ざっと説明すると、こんなやり方といえる。当時の県や仙台市の資料には「独創的なアイデア」「住民の理解と協力もあり、大きなトラブルはなく買収は完了した」など自画自賛する表現も見受けられる。しかし、現地で聞いてみると、必ずしもそうとばかりは言えない答えが返ってきた。耕地面積の広い大農家は40パーセントの土地に狭まっても、それなりの収量を見込めるから何とか耕作を続けら

消える集落住民による最後の契約講。仲間と離れ離れになる寂しさが募る

れた。蒲生は小規模農家が多い。２㌶を持っていれば大地主と言われた。40㌫の土地ではとても食べていけないと頭を抱える農家がぽつぽつと出始める。もともと港地区の田んぼは、貞山堀沿いの湿地帯であり水はけが良くない。農作業の機械や長靴はぬかるみに足を取られ、ずぶずぶとのめり込んだ。きつい重労働を強いられることで知られていた。「どうするべ」。集落の話し合いは何度も重ねられ、１人、２人と移転に応じていく。ここらでいままでの生活から足を洗うか、と農地をすべて手放す家が続く。県は移転を申し出た集落の住民に対し、県内数カ所に代わりの住まいを用意した。地元の郷土史家、寺嶋修二さんに『高砂の歴史』（１９８４年）という大書がある。移転先の代替地一覧が載っている。仙台市の安養寺地区に１４０戸、多賀

くす玉を割って港誕生を祝う ＝1971 年 7 月

城市笠神の雷神地区に80戸、同市大代地区に12戸、このほか利府町に41戸、七ヶ浜町に11戸など計8カ所に上った。県監修の映画『ここに港を』には、用地買収妥結調印式のシーンが撮影されている。白いテーブルをはさんで背広ワイシャツ姿の県の幹部、役人と日焼けした顔の住民代表が向かい合う。移転先の確保と買収価格の開きという二つの難題をクリアして調印にこぎつけたと説明が入る。『高砂の歴史』では離れ離れになる地区住民による最後の契約講の様子を伝えている。大広間で酒を酌み交わし、手拍子で声を合わせて歌う。先祖以来、契約きょうだいの契りを交わした仲間と別れの時を迎えた。「これからもたまには集まろうな」。安穏に暮らしていた人々に降りかかった抗しがたい外の力。どこか東日本大震災後の集団移転と似ていないか。

伊藤新一郎さんは「6・4方式」に応じて地元に残った一人である。内陸の白鳥地区に友人の保有する土地があった。伊藤さんは友人と話し合い、その土地を県に買い上げてもらった。港にあった伊藤さんの農地と交換し、そこで5、6年、田んぼを耕した。「前の湿地帯と違い、ここは乾いていて作業が楽でした。その後、一帯を住宅団地として開発するというので田んぼをやめて幼稚園をオープンさせました。新住民が流入して子どもが増えると考えたのです」。いつものことながら目のつけどころがいい。港建設が地域にもたらした影響について、伊藤さんは「安養寺、多賀城などいろいろな所へ移住して行きました。残って農業を続ける人もいましたが、40パーセントの土地では収入が少なく生活できないので小さい農家ほど農業をやめましたね。この機会にかやぶきの家を瓦屋根にしたり、リフォームしたりと、建築のつち音が響いていました」と幼稚園の事務室から遠くを眺める。一時的に臨時収入を得てアパート経営をする人が増えたといい、街並みは大きく変貌した。

下山正夫さんは所有地の60パーセントを県に拠出し、残る40パーセントの分を生かして仲間と区画整理事業を行った。道路を隔てた西側に移り住む。港町内会から分かれて新たに西原町内会を発足させた。貸しアパートなどに住む新住民が増えて町内会の加入者は大きく膨らんだ。地域に与えた影響を聞くと、「7割方は喜んでいたのではないですか。新しい仕事を見つけて再スタートをした人も多かったですから」と前向きに捉える。その一方で、農業と貞山堀の暮らしを守ってきた人々が離散し、独自の文化が色あせていったと嘆く声も少なくない。県など行政は硬軟を取り混ぜて支援を図った。耕作用のくわを手放した農家の子どもたちが新しく手に職を持てるよう、職業訓練をあっせんした。自動車の溶接工を育てる研修会を開催した。車の免許取得に助成金を出すなど就職に便宜を図った。臨海工業地帯の企業に職を得た若者も少なくない。農業離れは加速し、地域は大都市の一部へと取り込まれていく。

港用地のど真ん中にあった中野小学校は立ち退きを余儀なくされるとともに、住民移転で子どもたちが少なくなることが予想され、廃校のピンチに立たされる。地元町内会、卒業生らは「学校存続期成会」を結成し、猛烈な陳情活動を行う。『中野小・創立百周年記念誌』（73年）に、思い出話が紹介されている。「県と市に再三、廃校を考え直すよう足を運んだが、そっけない返事ばかり。準工業地帯に学校は建てられないよと。わたしたちの地域の特徴を訴えると次第に理解してくれるようになった」「存続できたのは子どもたちの熱意と役員、学区民の母校を思う気持ちの強い力があったから。百年の歴史をここで閉ざしてはならないと一生懸命でした」。存続は決まった。移転先についてはすったもんだの末、七北田川沿いの現在の中野小モニュメントの場所に決着した。

さらりと振り返ってみる。港が出来てからの暮らしは人それぞれだった。進出企業に土地を提供し富を手にした者、工場勤めの人が増えるのを見越し、貸しアパートを建てて大家に納まる人、耕地は狭くても兼業農家を続ける農民、リクルート用の背広を新着して街に就職する若者など。または一時的に用地補償の金を手にして新しい事業を始めたものの失敗したり、放蕩《ほうとう》息子が高級車を購入して散財したりするケースもあった。開発の犠牲になり、金銭で解決しようとしたことは地域に割り切れないしこりを生んだという見方がある。昔ながらの家々の結びつきは残り、結束の強さは維持されたと話す住民もいる。その後も中野小学校区というコミュニティーへの愛着が深かったことは確かだろう。人々は地域振興の声に踊らされたのか、港建設は何をもたらしたのか。以前と比べて変わったこと、変わらなかったことを含め、その功罪を総括する前に震災が来てしまった。

他方で、港後背地への企業の張りつきは県が描いたプラン通りにはならなかったようだ。工業地域がもっと内陸側に広がると予想していたところ、いつしか港湾の役割は重厚長大産業型から小回りの利くコンテナ物流に代わり、売れ残る用地が目立った。重厚長大の性格を変えてアウトレットパークなどの商業施設や水族館が立地したのは、ここ10年ほどのことである。

震災後、蒲生地区では堤防や土地造成工事の音だけが響く。仙台市は荒浜や新浜などと異なり、ここを工業系団地とする計画だ。かつての緑と水色の景色は巨大な白いコンクリート群になろうとしている。蒲生の人々は仙台港建設と震災と、二度にわたって住み慣れた土地を離れざるを得なかった。貞山堀の船溜まりがあってにぎわったなど、在りし日をしのぶものはほとんど残っていない。「ここに暮らしがあったことを示す歴史的な遺構を残してほしい」と一部の住民は訴える。その声は届くのだろうか。遺構の保全については第5章で触れる。

■仙塩合併の破たん、消えた島野武市長の笑顔

仙台湾地区の新産業都市指定は経済的な側面だけでなく、政治的な動きにも波及した。仙台市と近隣市町村を一緒にする仙塩地区の合併構想が浮上したのである。近代的な工業港を造成し、運用するなら一つの自治体となって取り組んだ方が早い。道路建設、水道などのインフラ整備も企業誘致も。合併を意図する仙台市にはそんな計算があったろう。正式な合併協議会の設立にまでこぎつけたにもかかわらず、途中から宮城県、仙台市、一部の首長の思惑が錯綜《さくそう》し、足並みが乱れた。合併構想は頓挫して白紙に戻され、現在に至っている。昭和の出来事を振り返った河北新報の連載記事『昭和・ゆめ・仙台　あのころ　あの人』（2005年1月）から引用する。

〈その一報を聞いた仙台市長、島野武は耳を疑った。1967（昭和42）年2月末、仙台市が合併相手と見込んだ多賀城町（現多賀城市）の町長、大場源七が突然合併からの離脱を表明

仙台港の地権者との土地買収妥結調印式に臨む島野武市長（中央右）。仙塩合併は思い通りにならなかった＝1968年

した。前年の10月、仙台と多賀城、塩釜、名取、利府の5市町村による法的な仙塩地区市町村合併協議会が初会合を開いたばかり。翌67年3月の合併調印に向けて、話し合いは進んでいるように見えていたのだが…。（敬称略）〉

　長期政権に入ろうとしていた島野市長が見据えていたのは政令指定都市への昇格だった。当時の仙台市の人口は40万台で、神戸や福岡などの中枢都市と肩を並べるにはスケールを大きくする必要がある。島野は対等合併を申し入れ、新産都市歓迎ムードも手伝ってスムーズに進むかと思われていた。連載記事はこう続く。〈しかし、島野が社会党から立候補し当選していた革新市長であることが影を落とす。県知事の高橋進太郎は自民党参院

議員を務めた保守政治家だった。合併を調整する役回りだったが、島野との意思疎通はうまくいっていなかった。周辺の首長も保守系が多く、なじみの薄い島野に対し、「対等合併と言っても結局仙台に吸収されるのではないか」と革新市政に取り込まれることに警戒感が広がり始める〉。

ともあろうか、こうした政治状況は66年1月の仙台市長選に持ち込まれる。選挙のさなか、七つの近隣市町村の首長が島野氏の対立候補である保守系政治家を支持する声明を発表したのである。高橋知事は「合併は当事者の自主性次第」とトーンダウン。多賀城町長、塩釜市長も「合併より新産都市建設が先」と公言するようになっていた。合併協は15回、専門委員会は42回を数えていた。調印式まで数日という寸前になって多賀城の離脱によりご破算となった。合併協の解散式で島野氏は「合併流産には地域住民だけでなく、東北の多くの人が落胆しているだろう。申し訳なく思う」と言葉を絞り出した。しばらくの間、島野スマイルは消え、寡黙になったと側近の関係者は語る。「合併」を口にすることはなくなり、地下鉄の建設によって大都市への道を目指すことにかじを切った。

島野氏の死後、仙台市は泉市、宮城、秋保両町との合併を経て1989年に政令指定都市に昇格した。いつの世も合併実現の道のりは厳しい。仙塩合併のころはまだ、保守と革新の党派的な対立を色濃く残していた時代であり、その政治的側面が強く出たと言えよう。宮城県もまた、仙台市が大きな力を持つことを歓迎しなかった。

■南蒲生は居久根《いぐね》の里だった

町蒲生から七北田川をはさんで南側を南蒲生と呼ぶ。江戸初期の七北田川の付け替え工事で一つの集落を川が横切ることとなり、南北に隔てられた。郷土誌『高砂の歴史』にはこう紹介されている。「古くから海岸寄りの湿地帯だったが、七北田川の付け替えにより排水はよくなり、開拓が大いに行われ、定住農民も増加した。明治20年ごろ、貞山堀の南閘門《こうもん》が完成したことによって、鍋沼、新浜東部の湿地帯も良田となり、高砂の米産地帯として昭和年代に至っている。南蒲生は高砂のうちで最もよく昔の農村風景が見られる」。それもそのはず、南蒲生は仙台を代表する居久根《いぐね》の里だった。いぐねとは農家の周囲を取り囲むように広がる屋敷林のことで、田んぼの中に浮かぶ島にも例えられた。冬の北風、西風から家を守り、下枝や落ち葉は燃料や肥料となり、木の実や果実は食卓に並んだ。ツバキの実のように油の採れるものもある。大きく育った樹木を切って、家の新築や改築の資材に充てた。藩制時代、倹約と資源の再利用が重んじられ、木の伐採は制限されていた。近代になって規制は消えても理にかなった活用法が重宝され、地域に溶け込んで引き継がれてきた。

元南蒲生町内会長の中島正志さんは１９４０年生まれ。農家の出身で、仙台市職員を務めた。

子どものころの思い出は意外にも、七北田川の氾濫による水害だったという。せっかく収穫して棒掛けしていた稲穂が台風の大水に漬かり、1等米になるはずが3等米にランク落ちすることもしばしばだった。河川敷を広げる工事を行い、被害は少なくなったという。水田だけで2ha《ヘクタール》を所有する家が多く、一軒一軒の造りも大きかった。畑ではジャガイモ、サツマイモ、ホウレンソウを栽培していた。農家の長男は家を継ぐ。次男、三男は荒浜の大工や左官の家で修業して職人になるケースが多かった。荒浜、新浜とはお嫁さんがこし入れするなど縁の深い間柄だ。貞山堀（新堀）での水遊び、ハゼやフナ釣りも思い出の一つという。南蒲生下水処理場（※注）が出来てから泳がなくなったとか。中島さんの実家にもいぐねがあった。「スギの木と竹やぶに囲まれていました。家だけでなく田畑を雨風から守るにもいぐねは優れていました。南蒲生は緑の絶えない集落でした」

240世帯あった集落は津波に襲われ、家々は流された。七北田川が鎮まったところに今度は海からの来襲である。仙台市は当初、県道塩釜亘理線から海側を災害危険区域に指定する方針だった。これだと南蒲生の大半は住宅の新築、増築を望めない地域になる。しかし、住民の要望を受け、かさ上げ道路の境界線を海側に線引きし直した結果、危険区域から外れ、現地で再建できることとなった。町内会長だった中島さんは「住民が檀家になっている専能寺、照徳寺の二つの寺や郵便局まで移転するとなると大変なのです。各方面に要望して見直してもらいました」と語る。
現在、約200世帯が家屋を立て直すなどして住み続けている。広々とした農地は営農組合に任せ、農業法人の大規模経営へとシフトしている。家ごとにトラクターなどの農業機械を一台ずつ買って耕作するのは経済的に難しく、集団経営に委ねている。期せずして農業変革の時流が押し寄せた格好とも言える。津波の塩害によっていぐねの木々は枯れた。維持管理が大変で担い手の住民もいないのでほとんど伐採された。残念ながら見慣れた風景を楽しむことはできなくなった。地域にある集会施設「岡田会館」に住民の描いた絵画が飾ってある。大きな木々と水田、畑、家がカンバスいっぱいに描写されていて往時をしのばせる。管理者を務める中島さんは将来像についてこう話した。「主産業が農業ですから団体経営で大型化を進めることになるでしょう。新しく住む人々が出てきているのは未来を感じさせますね」

（※注1）南蒲生下水処理場　汚水や生活排水を処理する施設。仙台市が計画し、1964（昭和39）年に完成した。現在の名称は、南蒲生浄化センター。82年、当時の仙台市漁協は「処理場の排水量を一方的に増やすのは養殖ノリの被害を拡大させる」として、仙台市を相手に排水量の制限を求める訴訟を起こした。仙台地裁は「漁業協定に排水量の制限規定はなく、ノリの生産阻害の可能性も低い」として漁協側の請求を棄却した。漁協側は控訴したが、99年に訴えを取り下げた。2011年の震災に際し、漁業の盛んだった荒浜などでは市の集団移転方針などに疑義をはさむ声が数多く聞かれた。おそらくこのときの訴訟をめぐって、漁民と仙台市との間に生じたわだかまりは簡単に消えず、市との移転のやりとりに少なからず影響していたのは明らかだった。古い話とはいえ、ここのところを押さえておかないと住民の微妙な心理を理解したことにならず、全体像がつかめないと気づかされた。

（※注2）南蒲生浄化センターは、仙台市内の下水の7割を処理する。浄化して海に放流している。震災の際、津波の直撃を受けて電源を喪失した。職員は昔使っていた古いゲートのことを思い出し、手動でハンドルを回して放流ルートを確保した。完全自由化へと進む設備にあって、古い技術と知恵が有効なことを示すエピソードだった。

こぼれ話！

お升取りの悲話

江戸時代、米蔵の立ち並んだ蒲生の御蔵場では、農家の収める米の量を検査するお升取り検収というのがあった。一俵正味5斗ほどの検査が終わるまで農民の心配は尽きなかった。一人のお升取りがいた。ある日のこと、きょうの仕事も終わろうとしていた夕方、何気なしに升の底をポンとたたいた拍子に一枚の薄板が落ちた。運悪く立ち会っていたお役人の目に留まり、お升取りは引き立てられ、厳しい取り調べが始まった。落ちた板の分だけ米の量は少ない。長いこと、役人の目をかすめてごまかしていた不届き者とされたのである。彼は余分な米を自分の懐に入れていたわけではなく、農民から上納される年貢米が升目不足で非常に難渋しているのを哀れんで、不正とは知りながら底上げしてあげていたのである。取調べと拷問を受けた末に打ち首の刑と決まった。農民必死の命乞いと嘆願も取り上げられず、刑は執行された。

人々は皆、心から悲しみ、近くの墓地の片隅に石地蔵を立ててねんごろに弔った。仙台港の建設と住居移転に伴い、石碑も仙台市安養寺の地に移されている。実は、升目不足になる理由は年貢米を舟に積み替える際に船夫や作業者によって抜き取られていたためだった。この出来事があってから抜き取りはなくなり、農民は安心して収めることができた。

こぼれ話

貞山堀と四ツ谷用水の関係

四ツ谷用水は藩制時代、仙台城下を縦横に流れ、人々の生活に潤いを与えた全長44キロの水路である。染め物やたばこなど産業用、洗濯など生活用水、防火、大雨のときの排水、そして耕地のかんがい用水とあらゆる用途に役立てられた。広瀬川上流の山側から東にゆったり流れ、これらの仕事を務め終えた本流は宮町の東照宮を過ぎた地点で梅田川に注ぐ。お疲れさまと言いたいところだが、もう一つの大仕事が待っていた。最後の使命は人工の堀の水を満たすことだった。それが貞山堀の一部である舟曳堀である。海からの「米の道」は蒲生を通って七北田川をさかのぼり、鶴巻で積み替えられる。そこからは苦竹まで舟曳堀で運ぶ。舟曳堀はいつも空堀にしておき、人夫さんが積み荷いっぱいの舟を引き歩くときだけ、平行して流れる梅田川の水を引き入れた。梅田川はもともと小さな川で水量が少ない。そこで四ツ谷用水の水を梅田川に合流させることで増量させておき、運河に十分な深さの水を引き入れようと先人たちは考えたのではないか。物資の輸送が終わればまた梅田川に水を戻したという。(★62ジペーの地図参照)

貞山堀は四ツ谷用水が計画されてから、そう離れていない時期(江戸前期)に構想されている。この二つの動脈を最初から結びつけようとして設計された可能性は十分にある。四ツ谷用水を塩釜から城下への舟運と連携させたとすれば、東(海)と西(山)をつなぐ大変な都市総合開発計画であり、水運を生かした物流の一大ネットワークづくりを見事に成し遂げたと言っていいだろう。むかしの人はたいしたもんだ。

こぼれ話

港の工業用水を四ツ谷用水から引く

仙台港開港を呼び水にして臨海工業団地への企業誘致を図る鍵の一つに、大量に必要となる工業用水をどうやって確保するかという課題があった。宮城県は農業用水として使われていた四ツ谷用水の本流に着目する。新産都市建設までに与えられた時間は短く、新しく造るより既存の水路を活用する方が合理的と判断した。昭和30年代後半から改修工事に乗り出す。広瀬川・郷六の四ツ谷用水取水口から八幡町を経由して上杉、宮町の北六番丁通に至る四ツ谷用水ルートに新しく地下導水管を設けた。工事は間に合った。1日10万トンの水を臨海工業団地に供給でき、現在も工業用水の需要を賄っている。近代産業の水脈を江戸前期に引いた広瀬川の水に頼っているとは、興趣尽きないものがある。

大崎八幡宮の前を通る四ツ谷用水本流。コンクリートのふたの下を工業用水が流れている

第3章　新浜

新浜は、蒲生と荒浜の間にある農村集落である。住居表示に新浜の呼び名はなく、仙台市宮城野区岡田字浜通などと表記される。明治期に開通した貞山堀（新堀）の恵みもさることながら、歴史をたどればやはり江戸初期から300余年、海岸を緑で覆うクロマツの植林とともに歩んできた。地元で歌い継がれる応援歌にこの土地の気概をうかがい知ることができる。「白砂青松うち続き、寄せては返す荒磯の新浜男子を知らざるか」。実りのある里山の暮らしを親類、近所と仲よく過ごしてきた人々はそれぞれに熱っぽく生き、数々の逆境を跳ね返してきた。

瀬戸勲さんは1943年生まれ、先祖代々の新浜っ子であり、地域のことはこの人に聞けと言われるほどの顔役である。古里自慢はまず、松林から取れた四季折々の豊かなキノコ類の食文化に始まった。梅雨明けのころ、アミッコと呼ぶアミタケをいただく。「子どものころから食べていました。大根おろしにしたり豆腐の上に乗せたりして味わいます。みそ汁にも合います。秋になるとキンタケやハツタケ、ショウロ（松露）、カンタケの香ばしいキノコ類が食卓を飾ります。ハツタケは煮物にしていました」と説明する。松林と砂場は憩いの場所でよくたずんでいたとも。新浜のキノコは評判となり、街で売りさばいて家計の足しにする家もあった。毎年12月初め、農作業が終わると集落最大のイベント、「松葉さらい」の季節である。松葉拾いとも言われ、町内が組織的に行動する。プロパンガスや石油ストーブの出始める前のこと、炊事や風呂のたきつけなどに使う1年分の燃料をこのとき、手でかき集める。徹底して各家が平等に振り当てられるよう工夫をしている。まず松林を「北山」「中山」「南山」の3ブロックに分ける。町内の3組をローテーションで毎年ぐるぐると順繰りに当てていく。3組全体で75軒あったとすれば、25軒ずつが、今年当てられたブロックへ回る。さらにそれぞれの組で細かく線引きし、北1番、南2番とエリアに分ける。各家がくじ引きをして自分の当たった所で松葉を集める。貞山堀から海岸まで熊手で10回分の幅が目安といい、一斉に並んで数十メートルぐらい一歩一歩進んだという。クロマツの高さは8～10メートルに及ぶ、茂みの中でかき集めた松葉を炭俵の形に丸め、わらで結んで背負い、貞山堀の船着き場へ持って行く。一つの重さは15キロ、それを三つ背負ったと言うから重労働だったろう。船着き場には「馬舟」と呼ぶ運搬船が係留されている。長さ5メートルほどのかなり大きな船に10人ぐらい乗せてロープで引っ張り、陸地に運ぶ。「重量オーバーで沈んだこともありました」と瀬戸さんは苦笑する。瀬戸さんは船の操舵に詳しく、馬舟のこぎ手としても知られる。家族総出の集荷作業は、誰かが得することのないようにあくまで平等で効率よく行われ、藩制時代からの慣行とされている。松葉やマツボックリは枯れていて火がつきやすく火力も強い。1年分の燃料として納屋にストックされる。岡田小学校でも秋のイナゴ取りと並んで、冬のマツボックリ拾いを年間行事としていた。収穫物は教室のストーブにくべられた。

■クロマツ海岸林は誰が始めたのか

3世紀を超える歴史を有するというクロマツの植林と松葉さらいのルーツはどこにあるのだろう。日本近世史を専門とする菊池慶子・東北学院大学教授の著書『仙台藩の海岸林と村の暮らし　クロマツを植えて災害に備える』には、沿岸部の砂地における植林の歴史といきさつが詳しく述べられている。当時の状況や仙台藩の施策を知るのに格好の資料なので、しばらく引用したい。それによると、すでにかなり早い時期に海岸林が広がっていた。海からの高波や潮風、砂地の飛砂から内陸の田畑を守るのに役立つと認められていたようで、防潮林としての役割を担わせていた。なるほど新田を開墾して領国を富ませるようにするのが藩の至上命題だったから、収穫に悪影響を及ぼす種は取り除こうというわけだ。著書にはこう書かれている。「藩内では海岸林のことを『潮除須賀黒松林《しおよけすかくろまつりん》』『潮霧除須賀松林《しおきりよけすかまつりん》』と称されていた。須賀松とは海岸の砂州の広がる須賀と呼ばれる土地に植えられた松を指す。それらはみな『上意』すなわち藩主の命令により、地元の者によって植林されていた。藩の主導のもとに政策的に推進されることで、17世紀末には藩領のすべての郡域に、クロマツの松林が生まれていたのです」。

クロマツは成長が早く、深く根を下ろす。つまり殿さまとお役人による地域開発の一環だった。新浜の黒松御林は、南の荒浜村境まで海浜に37〜38^{メートル}の幅にわたって植栽され、西側は村で造成した松林に接していた。延長は860^{メートル}、面積は3万2500平方^{メートル}に及んだ。村が独自に植林した上に、藩がその後、時代を追って海岸まで拡張してクロマツを植えていった。その結果、北の蒲生村境から荒浜村境まで幅広い松林が造成された。海岸林は蒲生、荒浜、名取など仙台領内すべてで植えられていたが、とりわけ新浜の人々は熱を込めていたように感じられる。いまも住民の口から植林について語られるのは、松林の恩恵がいかに大きかったかの表れだ。クロマツ林の防風効果とそれに呼応した新田開発によって、村の石高も増えていった。1645年ごろの記録『正保郷帳』では岡田村全体の石高が768石～980石だった。約120年後の『風土記御用書出』では2020石に増え、目覚ましい開発がなされたことを物語っている。特に新浜で340石の収穫があったと独立して記載されている。松葉さらいの話と結びつくこととして、藩は松林の防潮林の存続を図るため、枝木の利用を地元の人々に認める代わりに補植や植え継ぎを課していた。環境の厳しい所で育てるには適切な管理を地元に頼むほかなかったのだろう。同書によると、「クロマツは家や船の建材になるし、枝とこずえは薪、そして松葉は燃料に重宝された。下草と落ち葉は田畑に敷かれて地力を高めた」という。暮らしと一体化していたことをうかがわせる。菊池教授は「クロマツが自生する西日本に比べて、関東以北では苗を取り寄せて植林するしか手立てがありませんでした。長い海岸線を持つ仙台湾の砂地に一斉に植えるというのは藩の大プロジェクトだったでしょう。1660年ごろから苗を確保して植林し、あっという間に根づいて育ったのは地元住人が丁寧に手入れを行っていたおかげと言えます」と評価する。藩制時代というのは身分差のある封建社会だったとはいえ、お互いの利益を尊重し合うところがある。現代より、ずっと地方分権型の政策に近いのではないか。

新浜では小規模ながら、それなりに漁業も行われていた。漁師の知恵と言おうか、海岸林は漁業にも効用のあることを知っていたようである。落ちた枝葉は水中で腐食してプランクトンを育てるほか、木の上にすむ昆虫類が風で落下して魚の餌となる。樹影のつくり出す暗がりは魚を呼びよせるなど生態系のサイクルを見いだすことができる。漁業関係者はわが事と捉え、松林の育苗や保護に価値を見つけた。海とのつながりで保全、育成されるのを「魚つき林」と呼ぶ。ここ十数年来、気仙沼湾のカキの養殖を助けるため、山に広葉樹を植林する活動が盛んになっている。「森は海の恋人」をスローガンにして栄養価を海にもたらす点に着目した。「魚つき林」もまた、一見かけ離れた存在のようで関わりの深い自然の一面を見せてくれる。この時代、貞山堀（新堀）は新浜をまだ通っておらず、集落から海岸まで歩いて行けたころの話である。

■飢饉《ききん》のピンチ、クロマツを切る

瀬戸さんは、地元に残る忘れられない言い伝えとして飢饉のときの村の対応を挙げる。「凶

「天明飢死図集」に描かれた飢えた人々。橋の下で生活する人の傍らに遺骸が置かれている（仙台市博物館所蔵）

作と大飢饉に見舞われた新浜の集落は、藩に願い出てクロマツ林を払い下げてもらい、木を切り売りして飢えをしのいだのです」。菊池氏の著書には次のように記されている。「新浜では、1771年の干ばつ時と、天明飢饉後の1789年に、海岸の松林が村の救済に充てられていた。天明の飢饉では食べるものも得られず相続の困難な家が出る中、残っていた2500本のクロマツを伐採することを藩に願い出て、認められた。凶作や水害に際して藩有林を村に安く払い下げたり、薪炭の手当てとして無償で与えられたりする例は『御救山《おすくいやま》』と呼ばれて全国にその例がある」。木を売って得た代金は村内で分配し合い、食料など生活費に充てて村の存続につなげたと伝わっている。命懸けの嘆願書をしたため、認められた新浜の人々はどれほどほっとしたことだろう。さて、江戸時代に度々あった飢饉について目を向けたい。ここからは主として『仙台市史　近世3』に拠《よ》る。仙台藩を襲った飢饉として宝暦の飢饉（1755年〜）、天明の飢饉（1783年〜）、天保の飢饉（1832年〜）がよく知られている。これ以前にも享保や元禄期にもあった。最も深刻だったのは天明期だろう。霧や冷雨を伴う北東風《やませ》が吹き、夏でも綿入れを着るほど。米の価格は暴騰し、代わりに雑草や葛根を食べてしのいだが、飢えた人々は城下に流れ込み、餓死者が相次いだ。かゆの施しには数千人が集まり、親を失った子どもたちが物乞いをして歩き、やがて倒れていったという。名取郡今泉村（現若林区今泉）の祐善寺の記録によると、1783年の不作と翌年からの疫病により、村人の3分の1が餓死した。栄養失調がもたらす体力の低下は疫病をまん延させていく。檀家の死者は116人と例年の5、6人と比べて異常に多い。仙台領内全体の死者は14万人とも20万人とも言われ、人口が激減したのは間違いない。83年9月には仙台・北一番丁木町通の藩士、安倍清右衛門の屋敷に住民が押し掛け、打ち壊す事件（安倍清騒動）が起きている。騒然事件の背景は複雑で、元商人だった安倍氏の米の放出のやり方に不満を持ったとされる。騒然とした世相は続く。田畑の荒廃、藩の財政難は抜き差しならないものとなり、幕末期まで影響を引きずることとなった。

植林事業の完成を記念して建てられた「愛林碑」。右に立つのは平山新悦さん

明治維新以降、松林は政府の国有地、つまり営林署の管理下に置かれる。仙台藩時代のおおらかさはなくなり、燃料が手に入りにくくなる。自分の土地は自ら守る。これが新浜男子の心意気である。昭和になり、人々は砂防林組合を結成し、県営による植林事業を始めた。１９４２（昭和17）年、太平洋戦争のさなかに遠方から苗を取り寄せて試行錯誤を繰り返した。貞山堀より海側の砂場を活用した。53年、海岸林の完成を記念した石碑がいまも砂浜に建てられている。「愛林碑」と名づけられた石碑の碑文は、組合員が一致協力して台風や戦時下の物資不足を乗り越え、植林を達成した努力をたたえ、こう伝えている。「白砂青松のほとりを永久に我らの郷土を受け継ぐ人々に伝えるため、この地に愛林記念碑を建てて海岸を守る精神を誇示する」。裏側には78人の組合員の名前が刻まれている。燃料となるエネルギー源として、田畑を塩害から守る砂防林として、食料の調達先として戦後も恩恵をもたらした。新浜には野地という

地名が多い。もともと広大な湿地帯だったとされる。そこで米を栽培する苦労は並大抵でなく、自然を味方につける工夫が凝らされた。里山づくりは厳しい環境を克服するための先人から伝わる知恵の結晶だった。

新浜町内会長の平山新悦さんは、組合が植樹を始めた42年、農家の家に生まれた。本人は長いこと会社勤めをしていたが、親の年代がクロマツを植えていた光景を記憶している。「とても丁寧に進めたものです。稲刈り後のわらを風よけ用に立てて松が倒れないようにしました。根元には粘土質の良質の土を入れました。水分を保つようにと」。土地の人に聞くと、よしずのような囲いで風よけをしていたとも。震災で松林の多くは失われた。国や県、民間団体などが海岸地帯でこぞって植林を手掛けているが、地元の人の苦労話を聞き、こうした手だてを参考にすればいいのにと思う。

愛林碑の近くには、漁師の守り神である八大龍王の碑がある。明治の初めに建

八大龍王の碑

てられ海上安全を祈願した。農業だけでなく、イワシ地引き網漁なども行われていたことを示している。海と里で生計を立てていた新浜では独自の風習や祭事も息づいていた。葬儀のときにお知らせをして万事を手伝う契約講は、住民の大切な絆だった。気心の知れた8～10軒でつくる契約きょうだいとは葬祭以外に、お金を貸す庶民金融のようなこともしていた。無尽、頼《たの》母子講《もしこう》の類だろう。当座の生活費に困っている講の仲間に、みんなで集めた金を低金利で貸して当番役が管理した。当番の家では魚料理でもてなす宴席が持たれる。瀬戸家ではいまも11月の祝日、現地再建した住居を開放して延々と酒を飲む。瀬戸さんは建設業に長く勤めながら絆の会を大切にしてきた。「昼過ぎに始めて、ぐだぐだになるまで飲むのさ。昔は、はかま姿でやって来た。個人宅で講を続けているのは、仙台でここだけじゃないかな」。傍らで奥様が「準備が大変で」と言いたそうな顔をする。そういうお嫁さんの楽しみは小牛田の山の神に女性たちで詣でる旅行会、山形県の出羽三山を訪れる三山講だったとか。沿岸部各地に共通する息抜きのおしゃべり会である。通夜のとき、鐘と太鼓をたたいて数珠を回し、唱和する新浜念仏講は土地独特の節回しだったという。さすがにすべての歌詞を覚えている人が見当たらなくなった。さまざまな講や風習を守っていた地域なのだと再認識させられる。

　明治期に貞山堀が開通する。塩釜から名取市閖上まで南北をつなぐ水の道が完成した。昭和40年代まで行商人を乗せてポンポン船（蒸気船）が通っていたと、地元の人は記憶を語る。閖上から砂利を積んで塩釜まで運ぶ大きな運搬船も運航していたという。コンクリートの材料として塩釜に集められていたのだろう。貞山堀を要路とするサプライチェーンみたいだ。仙台港が開港し、バス交通も出始めてからは見られなくなったといい、蒲生の人々の思い出話と一致する。子どもたちにとってはプール代わりで、この上ない泳ぎの場だった。堀と砂浜を越え、人のいない海に出て遊び、定置網の浮きにつかまって一休み。夕方また堀を泳いで戻る。愛着がひとしお深いのも分かる。

■人の住める地域になる。みんなの家、みんなの船、そして復興

新浜では約60人が震災の犠牲になった。当初は家の新築、改築のできない災害危険区域に含まれていた。新浜町内会は現地再建を陳情し、仙台市は要望を受ける形で区域の見直しを行った。かさ上げ道路のルートを海側に線引きし直した結果、境界線は東に変更され、多くの住民は現地再建が可能となった。新浜は、荒浜や蒲生北部、藤塚と異なり、災害危険区域から外れて先祖伝来の地に住み続けられる数少ない地域となった。町内会の事前アンケート調査では、65パーセントの住民が「住み続けたい」と回答していた。震災から8年がたち、住民は自宅を再建して暮らしを再開させるとともに、地域の活性化策を探り始めている。集落の中心、照徳寺の近くに「新浜みんなの家」はある。震災後に宮城野区福田町の仮設住宅に併設されていた集会所の

ぬくもりにあふれた「新浜みんなの家」

みんなの家で開かれるおしゃべり会の「カフェ」。田んぼの様子など話題は尽きない

建物を新浜に移した。日本を代表する建築家で、せんだいメディアテークの設計者として知られる伊東豊雄さんが熊本県産のスギやヒノキをふんだんに使って造り上げたものだ。被災地で目立つのは、プレハブの仮設住居にコンクリートの防潮堤など無機質でぬくもりのないものばかり。もっとみんなで集える暖かい家を、と伊東さんは考えた。熊本産のイグサを用いた畳敷きの小上がり、まきストーブにも引かれ、寄り合いや趣味の集まりに使われている。集団移転した人も残った人もおしゃべりしようと、町内会の呼び掛けで「みんなのカフェ」をここで開いている。20人ほどの浜っ子が昔の思い出や近況について話に花を咲かせる。支援するグループや近くで農作業中の男性も飛び入り参加し、とてもにぎやかだ。参加者は「松葉さらいのこととか久しぶりにいろいろな話をして懐かしかった」と感想を述べていた。

「よいしょ、よいしょ」。2018年8月、貞山堀の土手に元気なかけ声が響いた。真っ黒にデザインされた全長6《メートル》、幅1・5《メートル》の船がみるみるうちに斜面を下りて水面に浮かんだ。この日は新しい船の進水式である。駆けつけた80人の関係者から拍手が湧き起こった。制作したのはパリ在住の現代美術家、川俣正さんで新浜にしばらく滞在し、「馬舟」と呼ばれる地元発祥の木造船をモチーフに仕上げた。馬舟の扱いに慣れている瀬戸勲さんらの助言を受けた。船の名前は「みんなの船」。新浜にデビューするものは全て「みんなの…」となる。地区以外の

進水式の後、貞山堀に浮かべた「みんなの船」に乗って海側に渡る。
フットパスと呼ぶイベントが定着しつつある

2018 年 8 月、新型船の進水式が行われ、新浜の住民が集まった

人や幅広い世代に足を運んでほしいと願いを込めている。新浜では折に触れ、町内会と市民団体の貞山運河研究所が主催し、手漕ぎの船で渡る「貞山運河の船遊びと新浜フットパス」というまち歩きイベントを行っている。進水式に合わせて、井土浜の元住民が手造りした木造船と同研究所の所有する閖上地区ゆかりの「さくば」も水上に浮かべた。かつての貞山堀のにぎわいを再現するような船団の出現に「格好いい」と声が上がった。新型船には10人ずつ乗り、対岸からロープで引っ張って砂浜に渡った。愛林碑と八大龍王碑を見学して歴史を学んだ。川俣さんは貞山堀の潜在的な魅力を高く評価する。「船に船外機をつければ堀巡りを楽しめます。この土地の個性を表すような彫刻ベンチ、あずまやなど休める場所があるといい。砂浜から石碑群を通って海へ出る木道の散策路も整備したい。ぐるりと回遊できてにぎわいを創出できるのではないでしょうか」。そのためには渡し船のほか、橋を架け直すことという。以前、民間施設の橋があり、住民たちも利用していたが、震災で失われた。川俣さんや支援者は3年後には架け直したいと活動している。こちらの名はもちろん「みんなの橋」プロジェクト。このほか、お寺の前の更地に子どもたちの遊び場を備えた「みんなの広場」というのもある。

仙台市は東部沿岸の防災集団移転跡地を利活用する計画を進めている。被災者から買い上げた南蒲生、新浜、荒浜、井土、藤塚の5地区の土地を市民や企業、NPOに貸し出し、さまざまな用途で活用してもらう。2018年3月の公募者決定で、市民団体「カントリーパーク新

新浜には、震災後も松林が根を張っている。失われたように見えた景色が残っていた

浜」がビオトープ（野生動植物が共存できる環境）と冬水たんぼの整備事業を行うことになった。カントリーパークは自然農法を実践する農家、新浜地区の住民、環境教育をしている研究者らが設立した。米作り体験や水生生物の観察ができる空間をつくるという。新浜には、メダカを復活させるため農薬や化学肥料を使わない稲作りを実践している元仙台市職員、遠藤源一郎さんのような実践例もある。地元の人々が率先して手を挙げて取り組むところなどは、いかにも新浜らしい。浜辺にはハマボウフウやハマヒルガオなどの群生が見られた。東北学院大学の平吹喜彦教授ら自然科学分野の専門家と協力して里浜の再生プランを進めている。復活まで百年はかかると言われ

ていた生態系が驚異の速さで回復を見せている。大学や市民団体、子どもたちの植栽などで生態系のよみがえった海浜、自然観察のできる水田のことをみんなの森、みんなの浜などと名づけそう。

地区のまとめ役である平山さんは、将来を見据えてこう語る。「数百年にわたって先人たちが守ってきた土地を簡単には離れられなかったのです。農業で苦労し、決して豊かではなくても耕し続けてきた土地を津波が来たからといって投げ出していいのか。じっちゃん、ばっちゃんの顔を思い浮かべ、この財産を生かしていかなくてはならないと決意しました。震災から8年が過ぎ、ようやく明るい地平線が見えてきました」。そして、みんなの船シリーズをはじめとする貞山堀の船遊びなど各種のプロジェクトやイベントに期待をかける。「仙台市沿岸部で、多くの世帯がまとまって住み続けられるのは南蒲生とここ新浜です。少しずつきれいな街にしていろいろな所から人を集めたい」と前を向く。

震災後の14年、市民団体発行の地域誌『未来に伝えたいふるさと　岡田』に地元の小学生の詩が載っている。「岡田の風」と題した2002年の作品で、この地域の雰囲気をうまく表現している。全文を紹介したい。

「ずっと忘れていた　ずっと気づかなかった　岡田のにおい　山形のじいちゃんちで　夏休

みを過ごして　帰ってきた夜　走らせている車の中に　いきおいよく入ってきた　稲のにおい　緑のじゅうたんが波になっている　すごい高波だ　大きく息を吸いこんで目を閉じた　ああいいにおい　ああ　これが岡田のにおいだったんだ　ずっと忘れていた　私にとっていやしのにおい」「とても落ちつく　もう一度息を吸いこんで目を閉じた　ごろんとねたくなった　じいちゃんちだって　田んぼにかこまれているけど　こんなにおいはしなかった　岡田に育って良かったなと思う　私が大人になって　ここをはなれる時がきても　このにおいは　きっと忘れないと思う　くじけそうな時　このにおいにつつまれれば　きっと何でもがんばれるはず岡田の風　大好き」

第4章　井土、藤塚

■六郷と七郷はこんなにも違う

井土と藤塚を含む仙台市南東部の穀倉地帯を六郷という。さらりと六郷全体について触れてみたい。１８８９（明治22）年、町村制施行によって、沖野、飯田、日辺、今泉、種次、二木、井土浜、藤塚浜の８カ村は名取郡六郷村となった。１９４１（昭和16）年、仙台市に合併される。89年の政令市移行に伴い、若林区の一部となった。地誌をみると広瀬川、名取川に沿って自然堤防が築かれ、平野部にありながら土地の標高が割と高い。このため水はけがよく、耕地に適していた。土地の低い湿地帯は手間がかかり、開発が進まないのに対し、微高地は早く進むという傾向は全国でみられる。六郷では中世の室町、戦国期から人が住み、開発を進めていたようだ。早く開けたことを裏づけるものに寺院の数の多さがある。仙台三十三観音の札所が５カ所ある。こうした観音堂以外にも一時期、15前後を数えた。半数近くは戦国時代以前に創建されたとされる。一つの旧村に複数の寺というのはそれだけの人口を抱え、経済力を有していたとみていい。七郷にはそんな昔に建てられた寺院は少ない。ここまでは郷土史家、菅野正道さんの著書『イグネのある村へ　仙台平野における近世村落の成立』に沿って紹介した。菅野さんは六郷の特徴について、「水はけのよい耕地は畑作に向いていて、いまでも米だけでなく野菜の産地として続いている。屋敷の間取りも大きく、村の財政は安定していたのではないか」と話す。

翻って北隣の七郷はというと、後背地に湿地帯が広がり、開発は遅かった。人手が入ったのは近世になってから。１６００年代半ば、仙台藩の定番施策と言える新田開発と湿地対策が進められ、農家の定住とともに耕地面積は飛躍的に増大した。六郷の耕地も増えたが、そこからの七郷の伸びは六郷を大きく上回った。ここでいう七郷とは荒浜というより荒井、霞目、六丁目などの一帯を指す。両地区はこのように誕生から異なる歩みをたどっている。伊達政宗以前、戦国時代の領主はそれぞれ別の支配者だった。明治になっても七郷村は宮城郡、六郷村は名取郡に属していた。人の行き来もそれほどでなく、どちらかというと七郷は新浜や蒲生と交流し、六郷は河原町、名取市閖上との結びつきが深い。両地区とも農業用かんがい用水を広瀬川から引いている。江戸時代以降、現在の愛宕橋の１００メートル下流に七郷堀の堰、その１００メートル下流に六郷堀の堰があった。水の豊富なときはいいけれど、渇水期には六郷堀に水が流れてこなくなる。水争いがしばしば起きた。１９０１年、広瀬川の流量が激減して七郷村、六郷村の農民が対立したのをはじめ、七郷堀の水門を壊しに向かい、守る側と投石騒ぎを起こすなどの事態になった。54（昭和29）年6月、愛宕堰が完成し、両方の堀を一括して取水することとした。少し下流に分水堰を設け、かんがい面積に応じて水を配分するようにしたため争いは収まった。こんな歴史的ないきさつがあって、ライバル意識とまでは言わないまでも、お互いを意識する間柄だ。現在も仙台市や市民センターがイベントを企画する際など、片方から文句が出ないよ

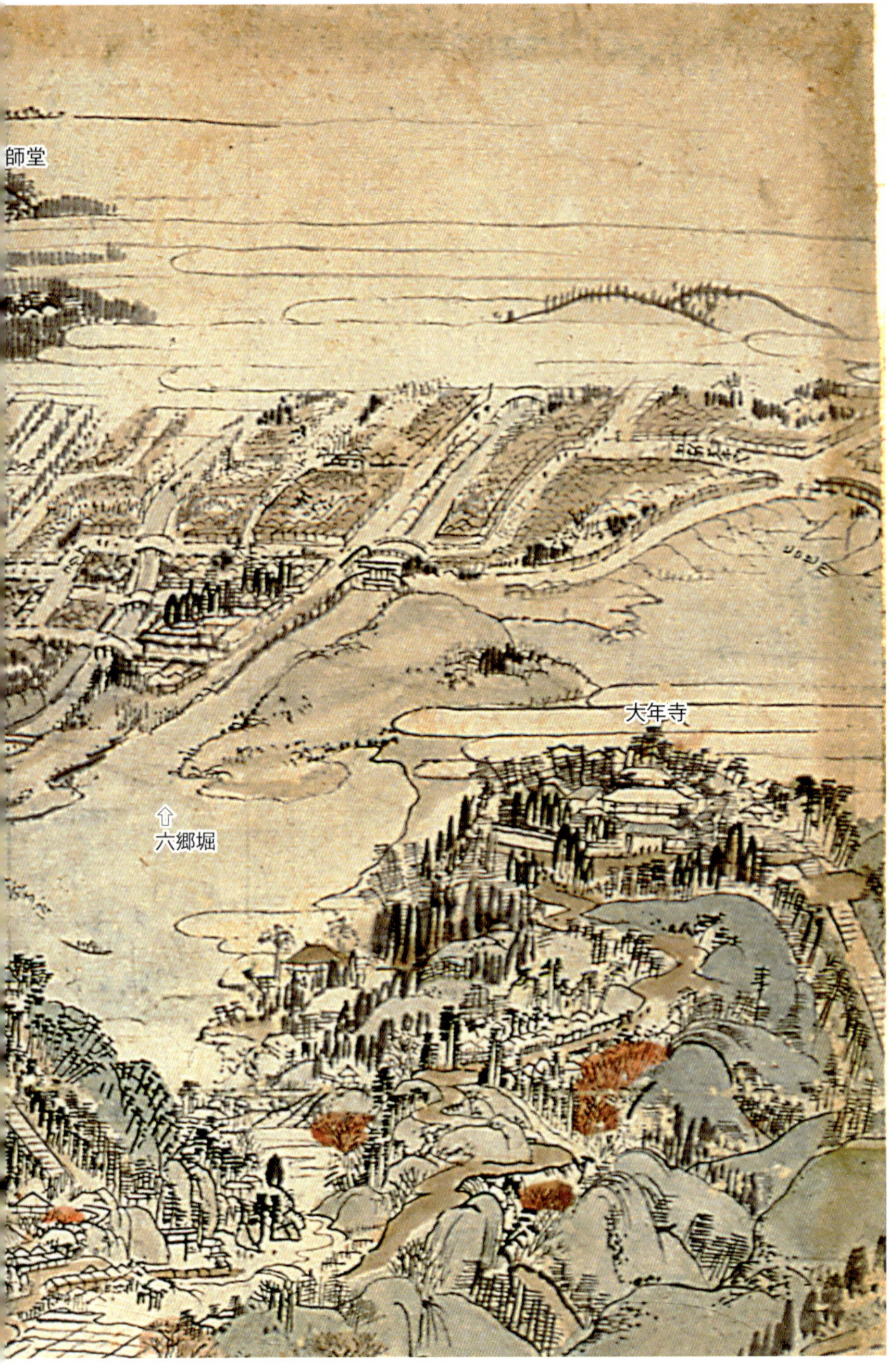

師堂
大年寺
⇧
六郷堀

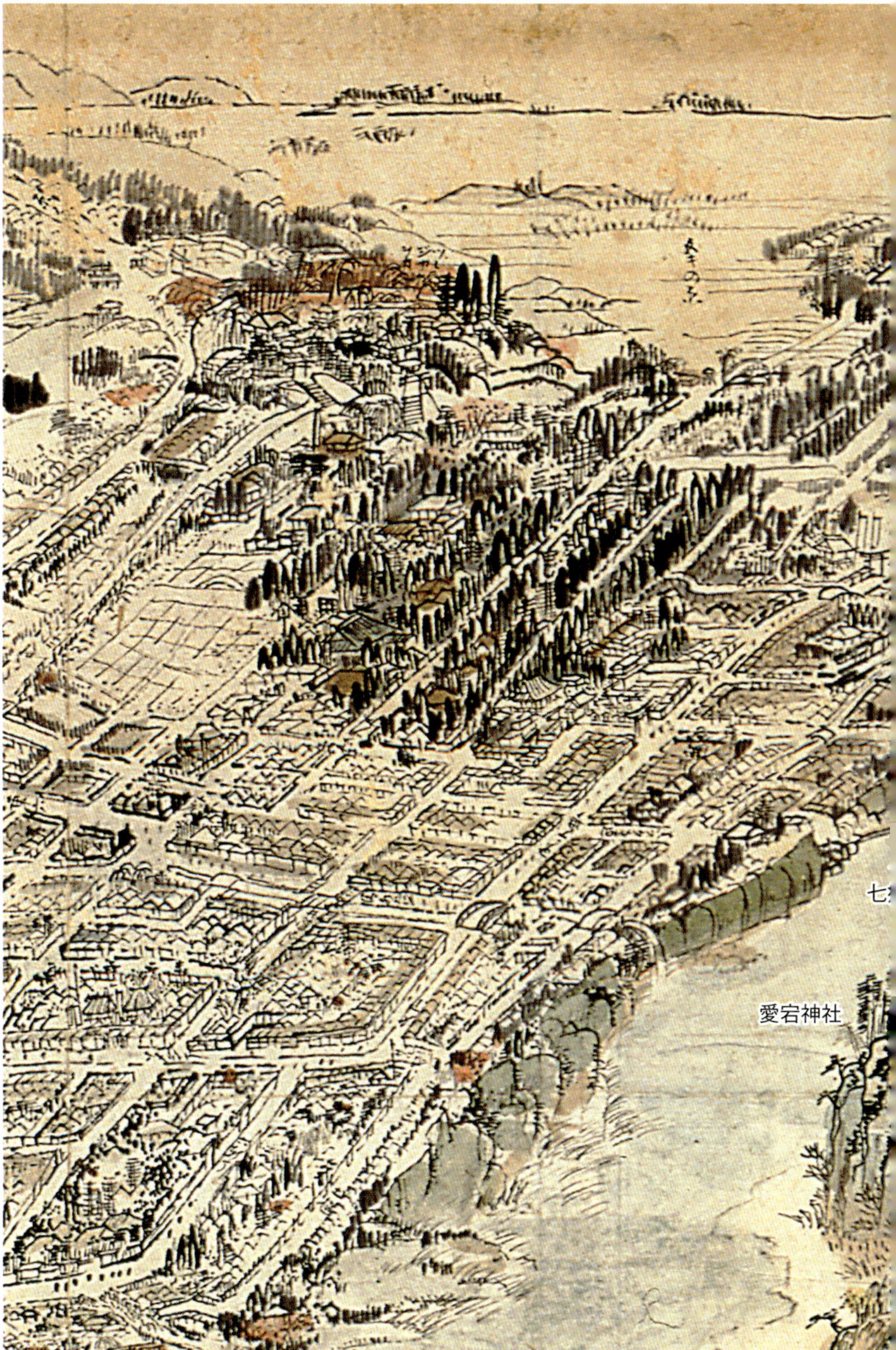

「明治元年現状仙台城市之図」に見える七郷堀と六郷堀（仙台市博物館所蔵）

う両地区、公平を期すことに気を使う。

■井土に「馬舟」が復活、貞山堀を渡る

話が脇道にそれた。さて、海岸部の井土と藤塚である。名取川の河口に近く海へ出やすいこの地域は、田畑の農業とともに漁業が盛んだった。村ごとの人口や特産品を記録した『皇国地誌』によると、明治前期に六郷村全体で小型の日本形船が105隻あった。井土が57隻と最も多く、藤塚19隻と続く。各家はほとんど小船を1隻持っていた、と土地の人々は言う。漁獲物としてサケ、イワシ、アユ、ウナギがたくさん取れたと記載されている。井土浜でのシラウオ漁は江戸時代からよく知られていた。名取川や貞山堀、井土浦など淡水域、汽水域での小規模な漁でなかったかと伝わる。1911(明治44)年の報告書には漁業従事者は131人(専業10人、兼業121人)に上った。その後、昭和になって漁師の数は減少し、水田や畑作など専業農家への転換が進んだとみられている。井土は、二木村から移った農民が開発し、やがて二木村から分離したという記録が残る。

加藤新一さんは1941年、井土に生まれ、家の周りの河川でハゼやフナ、エビを釣った経験を持つ。津波に遭い、宮城野区の集団移転先に暮らすいまも海風の香りが懐かしく、何かあれば足を向ける。家は代々商いをしていて本人も勤め人だった。手を動かすのが好きな加藤さ

海岸線に沿って貞山堀が南北を走る（2007年撮影）

かつて住民の足だった馬船が復活、貞山堀を渡る。
赤い帽子の男性が船頭の加藤新一さん

んは、貞山堀を渡るのに使われていた平駄舟の復元製作に挑戦し、見事に作り上げた。景色の変わった古里に元の住民や子どもたちが再び集まってほしいという願いを込めた。２０１８年９月、秋風のそよぐ貞山堀で進水イベントが行われ、30人の市民が集まった。地下鉄荒井駅にある「せんだい３・11メモリアル交流館」が呼び掛けた。「さあ、乗って。舟を出すぞー」。船頭を務める加藤さんの元気な声が響く。長さ5メートル、幅１・35メートル、高さ０・45メートル、重さ３００キロの木造船で、８人ほどを乗せられる。船首は四角い形をしており、底は平たい。両岸につないだロープを引っ張り、数分間の小さな船旅体験をして向かい側に着く。加藤さんは若いころ、木造船を幾つか手掛け、構造を熟知していることもあり、２週間ぐらいでおおかたの部分を仕上げた。継ぎ目が緩くならない特別の釘を探すなど気を使ったとか。平らな舟は、運河を通って海に渡る人を乗せる目的もさることながら、主に海岸林の植樹や松葉を集めてくることに利用された。どこかで聞いた話のような。そう、新浜地区の松葉さらいと同じである。井土の人々は船のことをやはり「馬舟」と呼んでいた。

　毎年11月～12月、１年分の家の燃料を確保するために馬舟で貞山堀を渡った。山守と呼ぶ地元出身の管理人がいて、舟の出し入れを任されていた。松林にたどり着くと、新浜と同様、公正平等になるように線引きをして各家の区画を定め、１週間かけて熊手で松葉やマツボックリなどをさらった。北は荒浜との境から南は藤塚の方まで広大な松林だったという。松葉をいっぱいに背負って帰りの馬舟に乗り、リヤカーか馬車などで家に運んだ。風呂のたきつけや調理に重宝し、プロパンガスや灯油の登場する昭和40年代まで続けられた。浜辺に「海岸林植樹碑」という石碑がひときわ目立つように建っている。１９１４（大正３）年建立の石碑は、せっかく育てた米など農作物が潮風の塩害を受けてダメージを被るのを防ぐため、風よけの松を植えた故事を伝えている。碑文にはこう書かれている。「藤塚、井土両区で開拓が行われたが、塩害に悩まされた。六郷村長の尽力により、25《ヘクタール》の荒地（砂浜）に30万本の松を植林した。当時の金額で１９６０円（今に換算すると４０００万円）を要し、百年の大計のもとに進めた」。

植林した人の名前も刻まれ、海沿いの農地と家を風や災害から守る苦難の歴史がしのばれる。加藤さんは「谷地の多かったこの一帯を開墾して新田を開くのは並大抵の苦労ではありませんでした。先人の遺産と言えるでしょう」と語る。貞山堀の思い出については、「外海に面している井土浦に近く、流れがよどんでいないので水は清らかでした。松林の風景はこの上なく美しかった。魚は船のエンジン音や油の臭いを嫌がります。手こぎの木造の船には向こうから寄ってくる。震災後、護岸復旧工事の影響で、コンクリートに近い箇所には魚が少なくなりました。それが心配です」と言って愛船を見つめた。井土の集落は、かさ上げ道路にまたがっていて一部が災害危険区域、一部は現地再建が可能なエリアとなった。すっきりしない形に戸惑いは残るが、加藤さんや井土町内会の人々はこれからも度あるごとにイベントに協力し、地域の暮らしを伝えたいという。

地域住民の手で編まれた『六郷を探る会　報告書集　藤塚・井土編』（仙台市六郷市民センター発行）という資料がある。井土に息づいた暮らしと文化の一端を垣間見ることができる。大切な特産品として茅《かや》の存在を忘れるわけにはいかない。屋根材や壁材に使われた茅は古くから生産が始まり、集落にまとまった収入をもたらした。この辺りの茅は細く長く、高品質で知られた。人々は稲刈りの終わるころ、海岸沿いに茂る茅原に入り、作業したという。国からの土地払い下げを受け、地元の創意工夫でやりくりした。昭和30年ぐらいまで、かやぶき屋根の家が多かった。茅は20年ごとに取り替えられるので安定した資金源となっていた。ヨシ原と茅は井土の風物詩と言えよう。一風変わった資源の活用策として、砂鉄を採取していたという記録がある。古代の地盤変動期、海砂が波浪で陸側に打ち上げられて形成される3列の浜堤《ひんてい》ができた。その3列目の浜堤の波打ち際に砂鉄が帯状になって堆積した。41（昭和16）年、太平洋戦争が始まり、長町にあった東北特殊鋼は井土の砂鉄を取って軍需用の鉄を生産した。当時の写真には、かさをかぶった男女8人が波打ち際で砂を掘るところや、トロッコで運ぶ場面が写っている。戦争遂行には砂鉄も血の一滴と汗を流したが、終戦とともに打ち切られたようだ。小さな資源を無駄にしない点などは地域の風土を知る上で興味深い。

■藤塚にご神体流れ着く。渡し船で閖上と往来

その昔、浜辺にいかだが漂着した。光を放つご神体らしきものがあったので人々は浜に埋めて塚を築いた。根が生え芽が出て、藤の木となった。ご神体はいかだに乗った五社（五柱）の神ではないかと話が広まった。後年、伊達政宗が遊猟した際、古伝を聞いていたく感心し、社殿を改築した。忠宗、重村の歴代も造営を加え、やがて五柱神社と称するようになる。ここの藤の木は普通の木と異なり、みな左巻きだったという。この藤の下をくぐると疫病を避けられ

るといい、明治のころに参拝者で繁盛した。藤塚の地名はこれに由来する。１９９３(平成５)年、土地の人々によって立派に改築された。震災によって本殿や鳥居などは流されたが、何と言っても由緒ある地域の守り神である。再建資金を捻出して、２０１５年に本殿と拝殿をよみがえらせた。その中心になったのが元藤塚町内会長の東海林義一さんだ。

藤塚の集落は災害危険区域に指定された。東海林さんは六郷の集団移転先に移り、新しくできた町内会の会長を務める。１９４２年、農家の家に生まれ、会社勤めをしていた。藤塚の暮らしと言えば、目の前を流れる名取川との関わりに彩られる。ことに対岸の名取市閖上とは切っても切れない縁でつながっていた。東海林さんは、祖母が朝早く閖上へ出かけて行った光景を覚えている。4月から10月まで、野菜を背中いっぱいに積んだ女性たちが所狭しとばかりに渡し船に乗る。向こう岸で仲買人が待っていて、野菜を買い受ける。一仕事を終えた女性は陸に上がって魚や衣類など日用品のショッピングを楽しんだという。「閖上は大きな街でした。たくさんのお店、映画館があって病院も三つ四つ。医者にかかるのも閖上の病院と決まっていました。なにしろ病人は遠く長町か河原町に運ぶしかなかったころです」と話す。渡し船は閖上に停泊している。川岸に立って「おーい」と船頭を呼ぶと来てくれた。運賃は1年分をまとめて支払う。何回乗っても構わない。現金でなく米で納めることもあったとか。積み荷は夏ならトマト、キュウリ、ナス、カボチャ、ウリ。秋はダイコン、ハクサイだった。畑作物は種類が

昭和 30 年代、藤塚の人々は渡し船で名取川を越えて閖上に向かい、行商をした＝小野幹氏撮影

閖上で買い物をする人々も渡し船を利用した＝昭和 30 年代、小野幹氏撮影

多いので何度も品を変えて売ることができ、常に小銭が入った。米だと年1回の収穫しかなく、小回りが利かないのだという。ふつう大きな川に隔てられれば交流は希薄になるものだが、ここでは行ったり来たりの密接な間柄。日常の用件は万事、閖上で済ませたわけだ。72年に閖上大橋が完成し、車社会の到来とともに渡し船は役割を終える。

明治、大正期まで漁業の盛んだった藤塚にはその昔、「トイヤ」と呼ぶ魚市場があったとされる。『六郷を探る会　報告書集』によると、船から地元産の魚と塩を問屋に卸す。藤塚から種次、日辺と名取川、広瀬川沿いに広瀬橋まで運ばれ、そこから城下へ入ったとしている。ここで思い出すのは遠い昔のこと。伊達政宗の肝いりで貞山堀の第1号とも言うべき木曳堀《こびきぼり》が、阿武隈川河口から名取川河口まで開通していた。城下建設のための木材を木曳堀と名取川、広瀬川を通って舟丁、河原町へ運んだことは最近、よく知られることになったところである（★62ジの地図参照）。1613年の政宗の黒印状には輸送経路について「閖上　藤塚　舟町　城迄」と示されている。木材を乗せた舟を川岸から引っ張って城下へさかのぼるとすれば、仙台市側の藤塚を通っていたと思いつく。それどころか藩制時代の一時期、藤塚は重要な輸送の中継地点となっていたとも考えられる。市場「トイヤ」もまたその名残を受け継ぎ、人が居着いて物流を担ったのではないだろうか。藤塚には地政学的な条件がそろっていたと想像をかき立てるものがある。現在の六郷地区からの主要道路のルートやバス路線が若林、河原町方面とつながっているように、当時も仙台の街の入り口は河原町と言えた。東海林さんは子どものころ、お手伝いでリヤカーを押し、野菜を届けた思い出がある。「日持ちしないキャベツなどを夜明けにすぐ持って行きました。河原町にはにぎやかな市場があり、お互い仲良くつき合っていました」。人々は河原町で日用品を買って家路に就いた。

貞山堀についてはは、たくさんの船がつながれていたといい、井土浦や名取川で淡水域の魚を取っていたことがうかがえる。名取川河口に近いせいか、満潮になると流れは早く、足の着かないほど深かった。土木工事用の砂利を積んだ平たい船が2、3隻停泊していた。藤塚は耕地面積がそれほど広くないこともあり、男性は兼業農家になって勤めに出る人が多かった。それでも田植えと稲刈りは一大行事である。隣近所の約10～15軒と「結《ゆい》」の関係を取り結んで人手を貸し合った。長い日数をかけず一気に仕上げることができる。漏れる家のないように組まれたローラー作戦と言えた。海や川など自然に生き、人々との交流を重ねた住民にとって、心の支えはやはり五柱神社である。旧藤塚町内会は神社を核とする「藤塚会」と改称され、神社をはじめこれからのコミュニティーの行く末を探る。東海林さんは移転先での新しい住民との交流を模索するとともに復興計画についてこう語る。「水と緑に恵まれたところだったので自然公園にしたらどうでしょう。トイレなどを整備し、運河や井土浦で自然観察を楽しめたら素晴らしい」。名取の閖上には水産市場や復興住宅などが建ち、にぎわいが戻りつつある。また一

藤塚付近の貞山堀。クロマツの防潮林と水面のコントラストが見事だ
2003 年 5 月、泉秀樹氏撮影

緒に歩める日が来ることを誰もが望んでいる。

■三本塚の食文化、オモイデゴハン

井土地区の西にある三本塚という集落は、豊かな食文化の里として知られている。2014年9月、古里の郷土料理を味わう「三本塚夏のオモイデゴハン」という催しが同町内会の仮設集会所で開かれた。町内会や仙台市市民文化事業団が主催し、震災後3回目を数える。市民ら140人に振る舞われたのは、ずんだ餅、長なす漬け、キュウリひき（酢の物）など7点で、地元で取れた素材を使い、女性たちが1品ずつ手作りした。参加した小学6年生の男の子は「ずんだ餅がおいしかった。作った人の話を聞けてまた参加したいと思いました」と感想を述べた。オモイデゴハンの成果を市市民文化事業団は『三本塚なんだりかんだり　夏の暮らし　冬の暮らし』という冊子にまとめている。幾つか耳よりのお話を引用したい。夏編には「お盆のお膳はご先祖と無縁仏用に二つ供える。見知らぬよその方にもまず、召し上がれと」。「ずんだ餅を8月15日に食べる。前日に枝豆をゆで、すり鉢ですって井戸に保存しておく」。「仏前のお膳はコモクサに包んで二郷堀に流す。先祖と無縁さん用があるので、小さなスイカぐらいの大きさになった。魚や生き物に食べさせることで食物を無駄にしないという仏教の教えによる」。続いて冬編を紹介する。「正月三が日には雑煮をいただく。4日とろろと言うように4日の食卓

三本塚の郷土料理を味わうオモイデゴハン

にはとろろご飯を並べた（３日の地域もある）」。「どんと祭の日、小豆と餅を入れた、あかずき粥を家族全員で食べる。風邪をひかないという言い伝えによる。この日ばかりは、寝入っていた子どもも起こす」。雑煮にしても素材は一般の家庭と異なっているようで、風習も独特なものがある。おばあちゃんから若い夫婦、孫へと語り継いでいってほしい。

こぼれ話！

冒険広場に子どもたちの歓声

「わー、広いなあ」。「ぼうひろ」の愛称で親しまれた井土地区の海岸公園冒険広場が2018年7月、震災から7年4カ月ぶりにふたたびオープンした。10ヘクタールの公園敷地には、冒険遊び場（プレーパーク）、ふわふわドーム、展望台、大型遊具、54区画のデイキャンプ場などがあり、バーベキューや芋煮会を楽しめる。仙台にこれだけ本格的なレジャー用の公園がお目見えするのは久しぶりのこと。再開された日には大勢の家族連れが訪れ、のこぎりを使った工作や火起こし、穴掘り体験をしたり、遊歩道にチョークで好きな絵を描いたりした。冒険広場とキャンプ場の指定管理はNPO法人「冒険あそび場—せんだい・みやぎネットワーク」などが担う。プレーリーダーと呼ぶお兄さんたちが常駐し、遊びを見守る。

敷地を震災前より6メートル高く盛り土した。海を望める展望台周辺を高さ15メートルの「避難の丘」と名づけ、最大700人が避難できるようにした。かさ上げ道路と出入り口を接続する。冒険広場に隣接して馬術場も復活し、馬場や厩舎《きゅうしゃ》、管理棟などが整えられた。一帯は震災直後、がれきの搬入場となっていた。海風に乗ってにぎやかな声が響くのを聞くと、復興の形が少しずつ見えてきたような印象を受ける。

井土の新名所、冒険広場には家族連れの歓声が響き渡る

第5章　貞山堀のこれからを考える

作家の司馬遼太郎さんは『街道をゆく　仙台・石巻』の巻で、貞山堀の風景に感嘆の声を上げている。仙台空港に降り、タクシーに乗って阿武隈川の河口から木曳堀沿いを行き来したようである。「ゆったりと水をたたえ、片側が防風林で飾られている。幅は、存外ひろい。『これは、もしかすると、貞山堀じゃないですか』。運転手さんにきくと、そうだという。私はひと目、貞山堀をみたいとおもっていたが、おそらく開発などのために消滅しているのではないかとも思っていた。ともかくもこれほどの美しさでいまなお保たれていることに、この県への畏敬を持った。（中略）貞山とは、政宗の死後のおくり名である。貞山堀という呼称は江戸期からあったわけではなく、明治初年の土木家が、江戸期日本に似つかわしからぬこの大業に驚き、運河の名を貞山堀と名づけたときにはじまる。政宗がどういう人物であったかを知るには、まず貞山堀を見なければならない。『かんがい用水にもつかいますか』と、運転手さんにきいてみた。海水がすこしまじるために田畑にはつかえない、ということだった。純粋の運搬用運河としてこれほど長大なものを政宗は掘り、沃土の果実を江戸に運んだのである。いまはむろん運搬にすらつかわれていない。つまりは無用のものなのだが、宮城県がこれを観光として宣伝することなく、だまって保存につとめていることは、水や土手のうつくしさでよくわかる。仙台藩の後身らしく、武骨で教養のある風儀が、そのことで察せられるのである」

司馬さんは心の底から褒めてくれたのだろうか。それとも何の宣伝もＰＲもしないことをいぶかしがったのだろうか。貞山堀とは誰のものなのだろう。管理者の宮城県のもの、堀沿いの集落、単なる歴史遺産といろいろ思いつくものの、どれも当たっていないような気がする。この章では、民間の人々や行政などが貞山堀をどのように考え、取り扱ってきたかをたどってみる。時系列を追い、震災前から検討されていた民間の利活用プラン、震災後に県が策定した将来ビジョン、震災復旧工事と今回の取材で明らかになった堀の設計構造、これからの運河活用の順に進めたい。

２０１３年１月、「貞山運河の利活用指針―運河の魅力再発見と地域振興に向けた利活用の提言」と題する27ページの報告書がまとまった。作成したのは貞山堀流域の7市2町の自治体、ＮＰＯ、民間団体、学識者でつくる「貞山運河の魅力再発見協議会」である。この団体は、社団法人・東北ニュービジネス協議会マリン部会を母体にしている。07年４月に国土交通省の「運河の魅力再発見プロジェクト」に応募して事業認定されたのを受け、実施機関となる魅力再発見協議会を設立した。事務局を名取市に置いている。指針づくりは震災によって中断を余儀なくされたものの間もなく作業を再開し、報告書の公表に至った。現在の活動は有識者らで構成する民間の市民団体、貞山運河研究所に引き継がれている。同研究所は、閖上で使われていた木造和船「さくば」を復元して浮かべるなど遺産を生かす取り組みを行っている。また、新浜地区の住民と共に渡し船による地域振興プロジェクト、「フットパス」を頻繁に開催するなど啓蒙活動に熱心な団体だ。このように貞山堀の利活用に目が向けられたのは、ごく最近のことだった。

利活用指針の提言にはこう書かれている。「貞山運河は東京や阪神地区の運河のように水運として利用されている状況ではなく、通行する船は漁船、プレジャーボート、イベント船などである。開発計画もあったが全長があまりにも長く、所管官庁や法令もバラバラなため、誰も手を出さず、ほとんど顧みられないまま推移してきた。存在感は薄く、近くに住んでいる人以外には意識されることが少ない。埋没しているのが実情である」。まことに問題の本質を突いているといっていい。提言は、全域を開発するのは多額の予算がかかり、複数の市町もまたがることから難しいと前置きした上で、しかしながら条件のよい所だけを開発すれば虫食い状態となって運河全体の魅力が失われると見通している。その上で一定の方向性を定め、行政と民間、または隣の自治体同士が部分的に連携してはどうかと指摘する。幾つかのゾーンとブロックごとに付加価値を高め、各地区を有機的に連携させる案を示す。ハード面の整備では、サイクリングやジョギング、散歩コース、カヌーやボートの船着き場、釣り場、レストラン、海浜植物や野鳥などの自然観察場、貞山運河歴史館、宿泊施設の必要性に踏み込んだ。交流人口の増加につながる観光資源としての活用策を訴える。歴史的な価値を重視し、失われた遺産の復元と記念碑、案内板の設置、語り部の育成などに言及している。地域コミュニティーと一体となった取り組みを重点に置いた。震災の被災地となったが、昔から水の恵みの大切さを熟知している地域住民の視点を大事にすること、自発的な民間活動を重んじること、地域と民間の各種活動を行政が支援することの３点を重要な視点として前面に打ち出した。

特筆すべき点は見過ごされてきた水の汚れについて触れた項目だ。「震災前から水は濁り、透明度は低かった。放置されている廃船も多く見受けられた。固まって流れているごみやよんでいるごみも多く、アシの間に大きな発泡スチロールの箱が数多くはさまれ、景観を損ねていた」「水門などで水の動きが遮断されるため、ごみなどが滞留し、ヘドロや土砂が堆積して水質が悪化している」と問題点を列記した。汚濁を防ぎ、水質を改善する手立てとして次の案を示す。「水門の開閉により、水流を起こして循環させ、海と運河と河川の水を入れ替える必要がある。そのための仕掛けと設備が不可欠となる。水深が汚泥堆積により浅くなっているので浚渫《しゅんせつ》を含めた適切な維持管理が求められる。重要な要素である水質と水深を可能な限り改善した上で、ハード整備を行う」。なるほど水質汚濁の追放は、真っ先に取り組むべき方策と言える。

利水に関しては「汽水や干潮区域であることから漁業との関わりによる利用に限定されてき

た。しかし、今後は親水や環境をベースに利活用を考えるべきである」と指摘している。協議会の提言は、まさにストライクゾーンの真ん中を突いており、指摘された問題点を見過ごしてはならない。

■水辺の再生・復興ビジョンを策定。水質の汚れは改善されるか

２０１１年3月11日、東日本大震災が発生した。押し寄せた津波と引き波によって貞山堀は護岸が破壊されるなど大きなダメージを受けた。宮城県は運河堤防などの復旧工事を行う一方で、震災を機に有識者を集めて復興策と今後の活用法を検討し、13年5月に「貞山運河再生・復興ビジョン」を発表した。基本理念について「運河の歴史を未来へとつなぐ。鎮魂と希望をキーワードとする沿岸地域の再生復興」とうたい、四つの基本目標を掲げた。

１　地域にとって誇りある歴史的な運河群としての再生
２　自然災害に対して粘り強く強靭《きょうじん》な沿岸地域の構築
３　自然環境と調和し共生できる、運河周辺環境の保全・再生の推進
４　継続的な地域間の連携と、未来に向けて発展できる社会環境の構築

まず、「誇りある運河群の再生」に向け、主な施策について述べている。災害復旧に当たり、緑化と自然な寄石を使って従前の風情を復元する。市民の楽しめる散策路とサイクリングロー

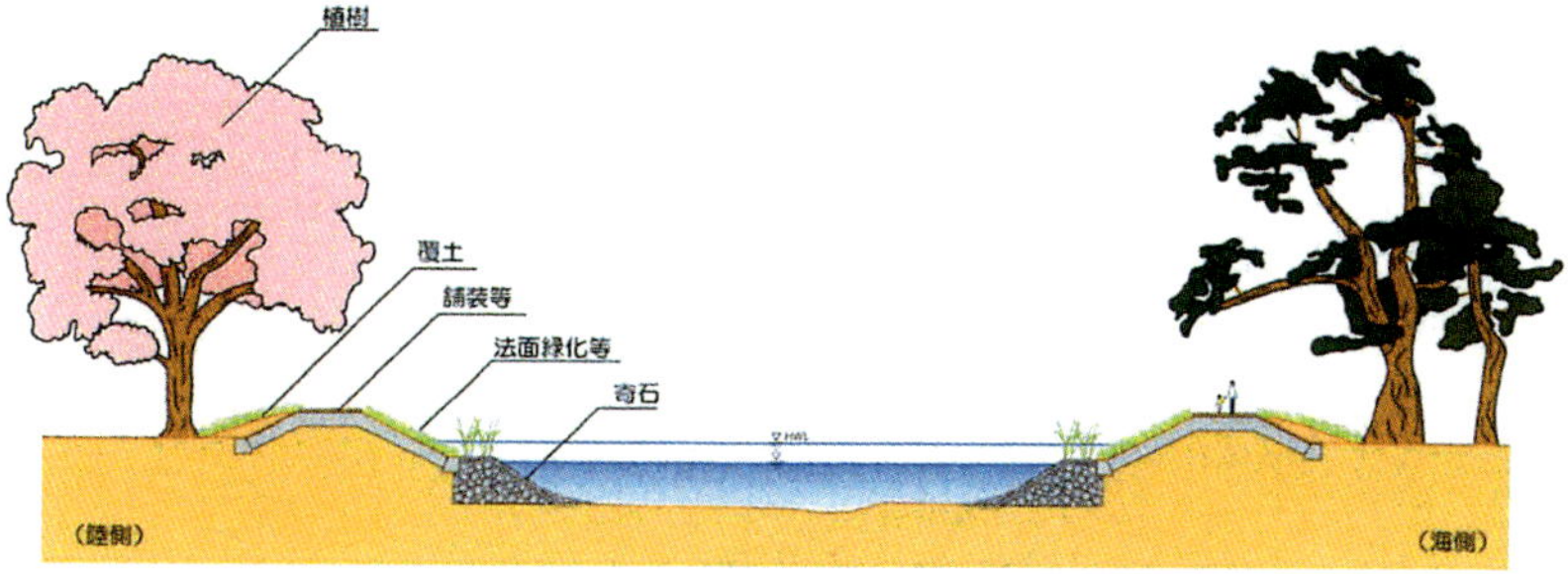

堤防の外側に桜を植樹したイメージ図

ドを舗装整備する。美しい景観を創出するため、ほとりに桜を植え、官民連携で桜並木を育てる。かつての舟運の復活や歴史的な風習（灯籠流し、祭事など）による利活用を促進する。多様な主体の参画を期待し、船着き場、オープンカフェなど水辺施設の整備を支援する。このほか蒲生の舟入堀などの歴史遺構を「未来に魅力を伝え、継承するもの」として保全と復元、記録保存を盛り込んだ。案内看板の設置やルートマップによる情報発信を図る。第２の「強靭な地域の構築」では、運河が津波の到達を遅らせ、エネルギーを減衰させたとの専門家の見解を踏まえ、多重防御システムに組み入れるとしている。

第３の「自然環境との調和、共生」では、水の汚れを改善する方策に言及している。運河は、都市や農地などからの排水の受け皿となっていて細粒土砂や栄養塩類が流入しやすいことに加え、閉鎖性水域で水質悪化が見られると説明している。利活用にふさわしい水質や底質への改善が求められているとした上で「運河群の水質や底質を把握し、水門と閘門を活用した水循環による水質改善を検討する。流水による循環能力を向上する対策手法についても検討し、改善を図る」と明記した。井土浦などの干潟に生息する動植物、生態系に配慮する。4番目の「継続的な地域間の連携」では人を呼び込む方策として、高速道と仙台空港、仙台、塩釜などの港湾を見据えた観光、物流面の強化を訴えている。最後に河川区域内の利活用の規制緩和と自由な活用法について述べている。「これまで河川利用は公共性を有する行政主体等に利活用は限定されていたが、近年、河川敷地占用許可準則が改定され、都市や地域の再生に資する営業活動に対しては一定の条件の下に占用許可が認められる」と前置きする。広島市のオープンカフェや大阪市の道頓堀の「とんぼりリバーウォーク」の例を挙げ、柔軟な対応と船着き場や店舗などの利活用を促進するとしている。

目標実現を図る期間を短期、中期、長期に分けた。震災の復旧工事などの短期計画はおおむね2015年度までを目標とする。多くの人を呼び込む集いの場、にぎわいの形成や自然環境との調和、運河らしい景観復元などを図る中期計画は16～20年度までを目標としている。先を見据えたビジョン発展をうたう長期は21年度以降に設定した。約40ページにわたる「復興ビジョン」は全体としてよくまとまっており、細部まで目を凝らした読み応えのある中身になっている。市民の注目する堀沿いの桜並木についてはすでに450本を植樹した。サイクリングロードについても19年度中にはほぼ完成する見込みだ。しかし、「仏作って…」のことわざにあるように、肝心なところで魂を入れられるかどうかが問われる。その点になるとかなり心もとないのである。2019年は作業日程において中期計画後半の時期に当たる。貞山堀沿いを歩いていて目標の景観復元や集いの場づくりが進んでいると感じる人は、あまりいないのではないか。ビジョンを作った県土木部河川課に進行状況などを聞くと、まずは津波で壊れた護岸堤防の復旧工事を最優先にして取り組み、かさ上げ工事を急いだという答えが返ってきた。「大雨や洪水などへの対応を急がなくてはならないので、早く安く効率重視を念頭に置いて進めた。堤防を高くする工事は、ほぼ終わっている」と担当者は話す。それはいいとして、中期計画にある集いの場の創出などはどうだろう。ビジョンの推進母体、「貞山運河再生・復興推進会議」を開いて情報交換しているというが、具体的なデザインを描くのに難儀しているのが実情のようだ。河川課のスタッフは「にぎわいの創出などは役所だけで進めても行き詰まる。民間の利活用団体に加わってもらい、そうした団体が継続的に関わる中で、自発的に進める環境が一番望ましい」と説明する。行政は後ろに回り、民間や地元住民などの自発的な行動が出てきたら、それを後押しするということだろうか。人の住めなくなった区域が多くを占める場所にあって、果たしてその手法で前に進むのだろうか、おおいに疑問符がつく。ビジョンを立てた以上、日ごろから密接に関わりながらプランを遂行する責任があると考える。そうでなければ将来、「ビジョンは立てたけど」という批判を受けるのは免れないだろう。

■堀の総点検を望む住民

水質の改善についても、ふに落ちない点が幾つか浮かぶ。県管轄のエリアのうち、仙台市内を流れる貞山堀（新堀）の復旧工事に際し、底の泥をさらう浚渫《しゅんせつ》を行っていないという。それほどヘドロの堆積はなくて深さに支障はないし、組まれた予算も堤防復旧工事のための予算だったとしている。聞けば、仙台市以外では浚渫している所もあるようで一様ではない。まだら模様になっている印象だ。災害とはいえ、何百年に一度のチャンスなのだからこういうときこそ潜水夫を潜らせて本格的にごみやヘドロの堆積、魚やシジミ生息、プランクトンの様子などを調査したらいいと思うのだが。そうすれば今後、いろいろ利活用を考えるのにも最新かつ必要なデータとなるし、後々まで役立つ。本格的な調査をしなかった点について、復旧を急いだことと堀の深さと幅は小船が支障なく運航できるぐらいに確保されているからと重ねて強調する。他方、新浜で馬舟の船頭を務める瀬戸勲さんはこう証言する。「干潮のときなど、船底が石にぶつかる。堀の両幅も前より狭くなった印象を受けます。石がごろごろしていて、これから運河を利活用して大きな船を運航するにしても、エンジンが底に当たるのではないかと心配になります」。ブロック石など障害物を除去しないと危険だという。瀬戸さんは浚渫の必要性を訴える。「何年に一度は底をさらって泥を取り、きれいな水にしないといけない。再調査が必要と思います。シジミの再生も、渡し船遊びをするにも、それが一番の原点です」

荒浜の貞山堀にプレジャーボートを持っていた貴田喜一さんは「昔は生活用水を堀に流していました。それでも透明できれいでした。水流が循環していたからです。時代とともにだんだんと閉塞《へいそく》して流れが弱まりました。4、5月の田植え期に農業用水がどっと農地から動力アップで排水されると堀の水は真っ黒に染まって、とてもボートを出せませんでした。底のヘドロで微生物は生き永らえないのではないでしょうか」と体験を語る。運河には、仙台市東部の穀倉地帯を潤すかんがい用水の排水先という役割も付与されている。東北農政局によると、仙台市宮城野区の高砂と若林区の荒浜、二郷堀、藤塚の4か所に排水機場がある。田んぼに農業用水がたまるとポンプで外部に排出する。高砂からは七北田川に排出されるが、おおかたは貞山堀にそのまま流される。上流（広瀬川）から分水して東部を潤した水をそのまま運河に入れる格好で、長旅の汚れを落とすことなく最終地へ着くという行程となっている。農業振興と環境保全の二律背反という悩ましい面はあろうが、県の再生・復興ビジョンでも「水質の改善を図る」とうたっている以上、何らかの手立てを打つのを考えていい。

仙台市は、荒浜、南蒲生など貞山堀の3地点において毎月、水質検査を行っている。生物化学的酸素要求量（ＢＯＤ）など汚染度を示す指標をチェックしている。市環境局によると、震災後も水質に問題はなく「良好」の状態にある。春先の農業排水の影響について、「泥が入って汚く見えるが、運河の水は七北田川や名取川との間を行ったり来たりしている。潮の満ち引きで入れ替えられている」と問題ないとの見方を示す。科学的データを根拠にする役所と地元の人とでは、受け止め方に相当な隔たりがある。これほど感じ方が異なるものなのだろうか。将来、県外から観光客を呼び込もうとするならば、外からどう見られるかを意識し、地元住民や専門家を交えて突っ込んだ話し合いを行い、対策を講じることが不可欠である。このまま放っておくわけにはいかない課題と言っていい。

■運河の幅24メートル、高さ2・4メートル。設計構造が明らかになる

震災復旧の護岸工事を行った宮城県仙台土木事務所（仙台市宮城野区）に、貞山堀の設計図があると聞いて足を運んだ。河川部河川砂防第二班というセクションで、仙台市内の全長9・5キロにわたる新堀（七北田川〜名取川）を管轄している。「復旧計画横断図」と名づけられた横長の設計図を広げると、日本一長い運河の一端が目に飛び込んできた。基本的な仕組みは、明治20年代の大改修のときから変わらず、ほとんど同じ構造をしている。堀の幅は24メートル（川底）、両側にある堤防はそれぞれ横幅3メートル、高さ2・4メートルである。水深は通常水位として2メートルあり、干満差を伴う。当時の技術者は上りと下りの船がすれ違える広さ、周囲の民家を洪水から守る高さの堤防を考案したとみられる。第二班の班長さんは構造上の特徴として、環境への配慮を挙げる。「魚の生態系や緑の植生が保たれるように自然の石を使って護岸を築いています。昭

和になってコンクリートブロックを使った箇所が一部ありますが、おおかた周りの環境に合わせています。それほど改修をしたという記録はなく、最低限の整備しか行われなかったと考えられます。昔のまま残されていたと言えるでしょう。当時としては全国的に見ても大規模な運河でした」

史料の少ないことは司馬遼太郎さんの『街道をゆく』でも触れられている。「貞山堀についてのくわしい説明や土木史的な資料についての古い記録がすくなく、せいぜい、近代以前の日本土木史についての唯一の大著である土木学会編の『明治以前・日本土木史』（昭和11年刊）か、同書と同年に発行された『仙台藩史』（東北振興会編）にわずかに載せられているぐらいである」と紹介されている。仙台土木事務所は新堀の震災復旧工事に当たり、先人の考えた歴史のある構造をぶち壊しにしないようにと、最初にスタッフの意思統一を図った。なるべくもともとあった姿のまま復旧するということである。「原形復旧」というそうだ。震災時の激しい揺れで地盤沈下が起き、堤防は70センチ沈下した。また、大津波によって護岸がごっそりと削られていた。治水の観点から大雨洪水のときに水をあふれさせないために堤防を元の高さに戻した。堤防かさ上げとともに、護岸についても復旧を図った。川面と接する部分は自然石を積んで魚など生態系と環境に配慮したという。そうは言っても一方で、上部の斜面についてはコンクリート製の平張りブロック、人工芝などで覆ってあった。

(南北貞山運河)

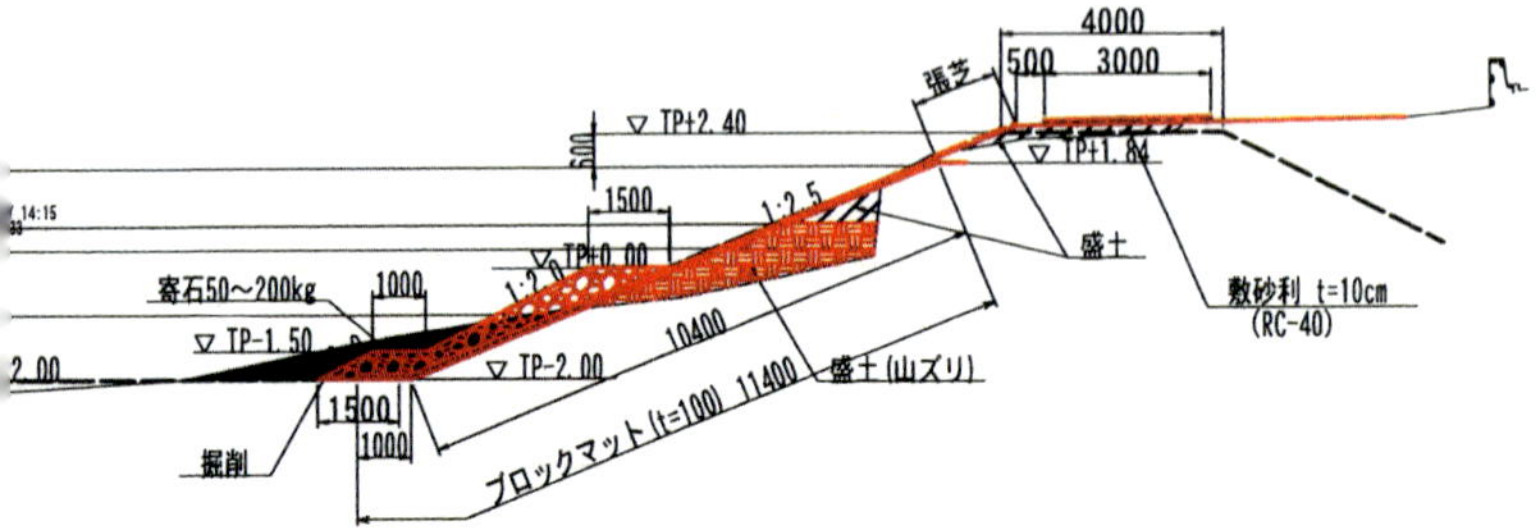
4000
500
3000
張芝
▽ TP+2.40
500
▽ TP+1.84
1500
1:2.5
▽ TP+0.00
1:2.0
盛土
寄石50～200kg
1000
敷砂利 t=10cm
(RC-40)
▽ TP-1.50
10400
2.00
▽ TP-2.00
盛土(山ズリ)
1500
1000
11400
掘削
ブロックマット(t=100)

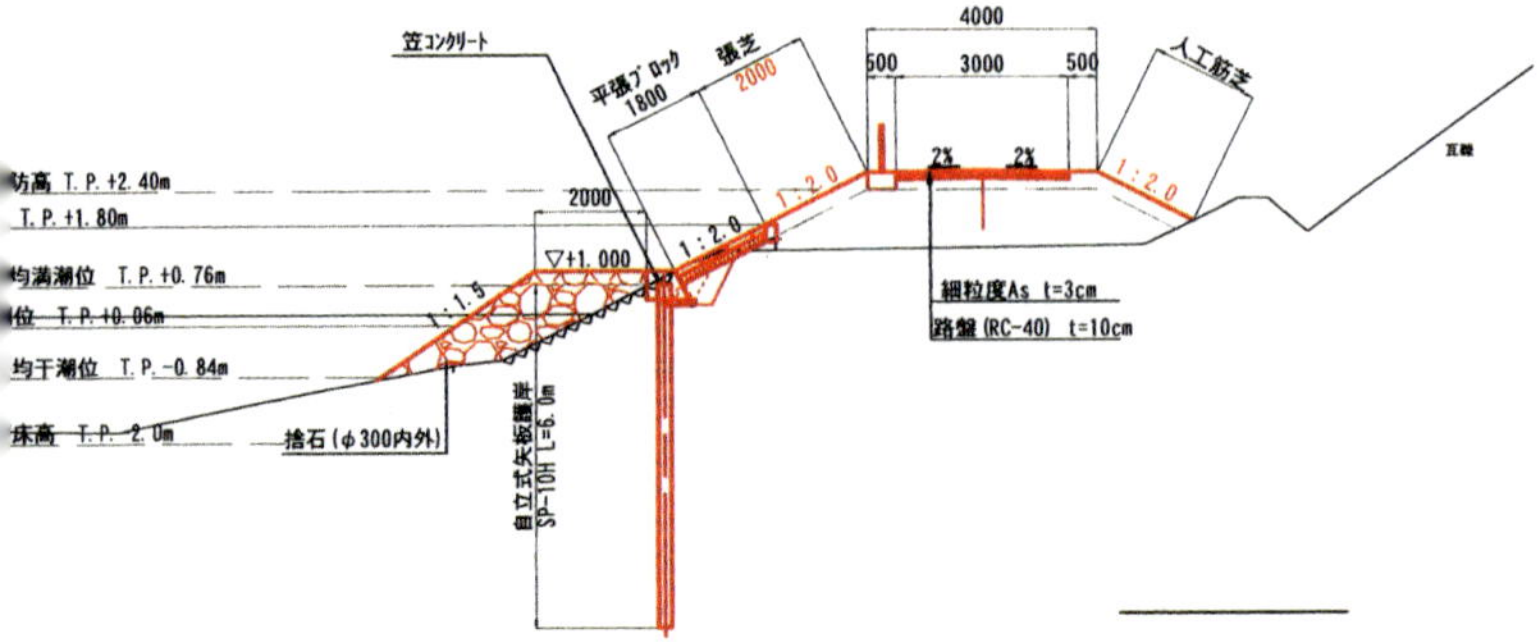
笠コンクリート
平張ブロック
1800
張芝
2000
4000
500
3000
500
人工筋芝
防高 T.P.+2.40m
2%
2%
1:2.0
1:2.0
2000
T.P.+1.80m
1:2.0
▽+1.000
均満潮位 T.P.+0.76m
細粒度As t=3cm
路盤 (RC-40) t=10cm
位 T.P.+0.06m
1:1.5
均干潮位 T.P.-0.84m
床高 T.P.-2.0m
捨石(φ300内外)
自立式矢板護岸
SP-10H L=6.0m

復旧計画横断図

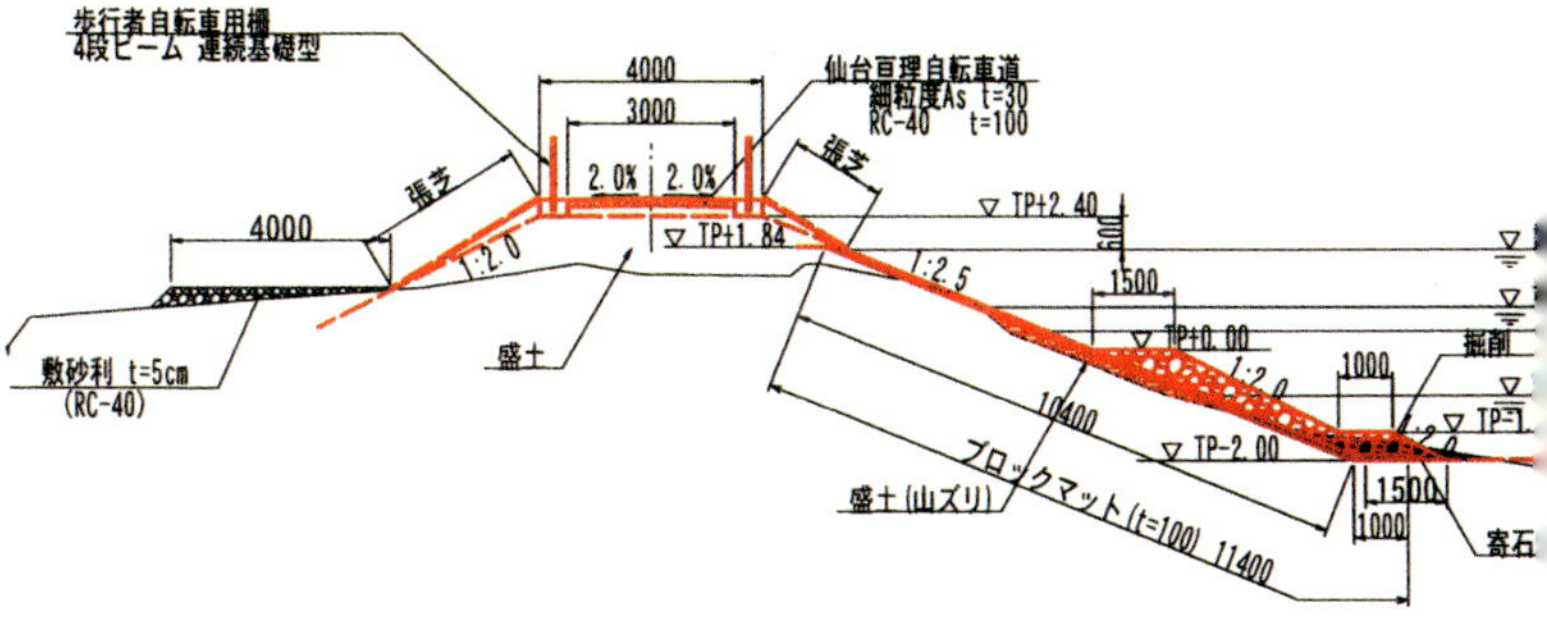

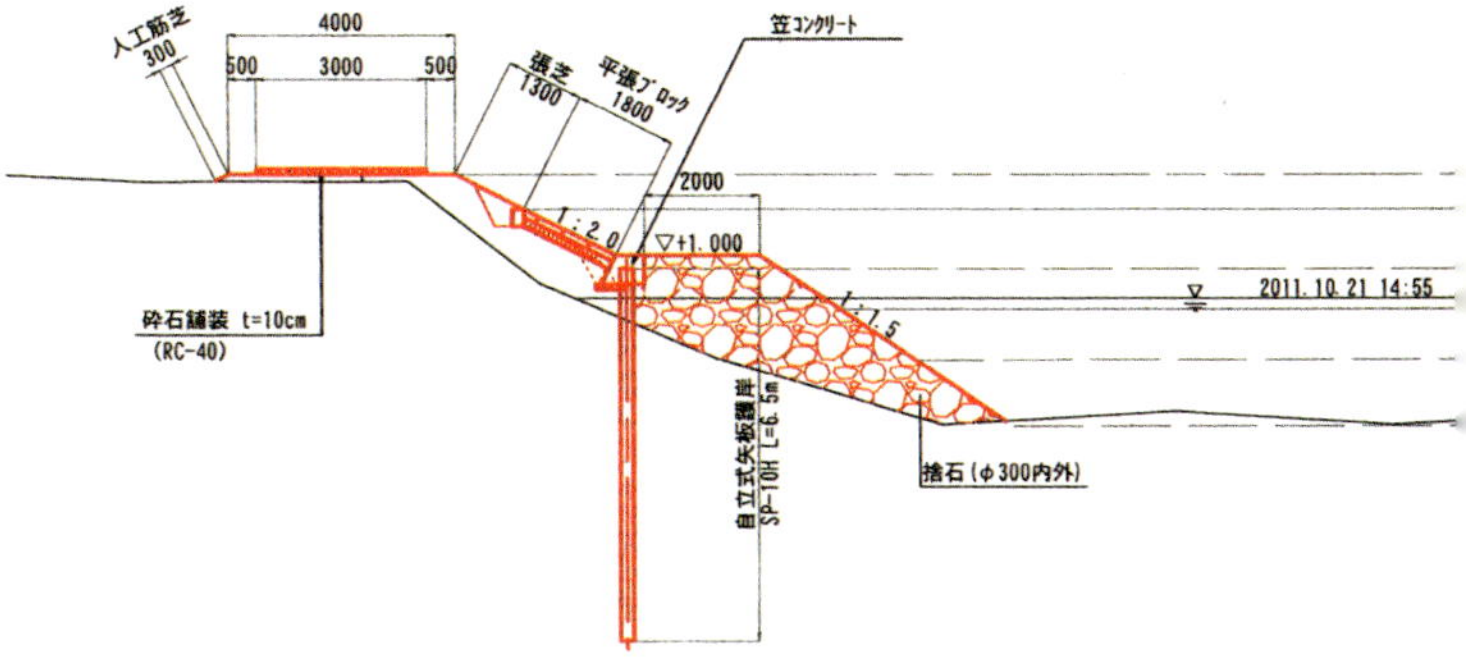

貞山堀の構造設計図。震災復旧計画に当たって横断図を作成したもの。上が荒浜―南蒲生間、下が井土、藤塚―荒浜間。

工事を終えた箇所を歩くと、どうしても白いコンクリート張りの方に目がいく。「なんだか違うなあ」という気分になる。両側を覆っていた松林が失われたこともあって元通りの姿と呼ぶのは難しい。貞山堀のように貴重な歴史遺産でありながら、なおかつ治水や排水の役割を持たされている場合、原形保存と災害復旧の在り方をどう考えたらよいのか、震災はわたしたちに重い宿題を突きつけている。議論を始めるときが来ている。復興工事は２０１４年度に着手し、18年度中にほぼ終える。管轄範囲に投入した予算は水門整備を含めて約80億円だった。

■土中から船溜《だ》まり跡が姿を現す

２０１６年10月、仙台市宮城野区蒲生で進められていた貞山堀の船溜まり跡の発掘調査結果が発表され、現地説明会が行われた。蒲生の船溜まりについては第２章で触れた。塩釜方面から米などを舟入堀で運んだ船が停泊し、隣接する御蔵場に集荷したところである。仙台市文化財課は船溜まりの入り口２カ所を調査し、このうち１カ所で上下部分の構造が異なる長さ15《メートル》の護岸石積みが見つかった。下部の古い石積みは、長方形に成形した切石の高さをそろえた「布積み」という工法で築かれていた。１段ごとに積み上げ、高さは１・7《メートル》あった。塩釜港周辺で産出された凝灰岩を使っていて明治時代の港の岸壁で見られるという。このことから明治20年代に行われた貞山堀の大規模改修の際に造られたと推定される。上部の構造は、近代以降の

町蒲生の地中から姿を現した船溜まり跡の護岸石積み

発掘調査では、明治時代の大改修の様子が明らかになった。
現在は埋め戻されている。

「落とし積み」という手法を用いている。昭和50年代に埋められるまで何度か補修したものと考えられる。前年度の調査では１００点を超える木簡が出土した。「遠田郡」「志田郡」などの地名や人名、「升」「斗」などの計量単位が書かれていた。米などの物資につけた荷札や木札とみられる。

発掘調査は震災と住民の防災集団移転を受け、蒲生地区一帯を工業用地にするための土地区画整理事業の開始に合わせて実施された。発掘調査前の計画では、地下にライフラインの導入管を埋設する予定だった。遺構の発見を受け、導入管のルートを変更し石積みを傷つけないように見直した。粋な計らいと言えるだろう。それは結構なことなのだが、発掘調査の後、遺構は埋め戻された。地上から再び姿を消し、現物を見ることはかなわない。「地下保存」という形で残すのだという。埋設してしまうと外からは何があったのか分からず、素通りされてしまう。素人の考えになるが、船溜まり跡を昔のまま地上で復元し、かつての風景を再現したらどうだろう。市文化財課の担当者は「地上にさらせば風化してぼろぼろになりかねない。地下水があふれて対策工事も大変になる。地下埋設保存は仕方がないのではないか」と解説する。貞山堀を管轄する宮城県河川課の反応も同じ。「周りが全て工業団地となるところに歴史遺構を一部だけ復活させて、どれだけの意味があるのだろう。そこまで予算をかけて復元しても有効活用されるかは疑問」と税金を投入することに懐疑的だ。

蒲生の旧住民と歴史愛好家でつくる市民グループは市と県に対し、遺構の保存と活用を求める要望書を提出した。「未来に向けて残し、伝えるべき重要な文化遺産だ」と配慮と善処を求めている。これから工業団地の造成が進む中で、埋まっている遺構をどう扱うかが問われる。

市蒲生北部整備課では、産業用地になっても遺構の上に構造物を建てないよう方策を練っている。同課の責任者は「進出企業を公募する段階で、遺跡を壊さないことを選定の条件とするなど、市側から前提条件をつけてコントロールできるやり方を考えたい」と埋設物を守る考えを示す。上物を建てられると、その建物が壊されるときまで、また発掘してお披露目するのは難しい。せめて遺構の写真や説明文を載せた案内板を立てるなど、後世に伝える記念碑の設置を急ぎたい。中野小学校跡地のモニュメントをスタート地点として船溜まり跡、高砂神社、日和山、蒲生干潟と、昔日をしのぶ散策ルートがあってもいい。

こぼれ話

仙台で全国運河サミット開催

運河を地域振興に生かそうと、日本中の運河の事例を紹介する「全国運河サミットinみやぎ」が2018年10月26日、仙台市青葉区の仙台国際センターで開催された。宮城県内の貞山堀沿いの自治体のほか、民間団体の関係者ら400人が参加した。パネル討論が行われ、自治体の首長と大学教授らが観光振興や歴史遺産保全の方策を語り合った。

宮崎県日南市長は堀川運河（1・5キロ）について「当初の堀を埋める計画

運河の利活用について話し合った全国運河サミット＝仙台国際センター

が民間団体の保存運動によって見直され、いまは行政と呼応して景観を守っている。大型クルーズ船の観光客を招き、昔の小型木造帆船を浮かべて周遊している。小中学生が案内役をしているのも良い体験になっている」と紹介した。愛知県半田市長は、半田運河（0・8キロ）沿いに毎年5月、市民から集めたこいのぼり200匹を飾り、ライトアップしている取り組みを話した。地元の宮城県東松島市長は「東名運河の震災復旧では、コンクリートブロックをやめて地元産の井内石を使い、景観保全に努めた。桜を植樹するなどして魅力アップを図っている。しかし、イベント企画などで運河を一体化して取り込むのは難しいと感じている。県の再生・復興ビジョンと具体的にどう結びつけるかが課題」と、長大な水の道を地域振興に役立てることの難しさを吐露した。学識者は「日本一長いメリットを生かし、企業と自治体などは世代を超えた活用策を考えてほしい」と注文をつけた。

　最後に「みやぎ宣言」を発表。「仙台藩祖伊達政宗公以来、江戸、明治期にかけて築造、改築された運河の歴史を理解し、文化、景観など魅力のある文化遺産として継承する。地域間連携、官民連携を推進し、運河を生かしたまちづくりを進める」と読み上げて閉会した。

こぼれ話!

貞山堀マップが完成

これひとつで貞山堀を学べます。仙台市の市民団体、貞山運河研究所と宮城野区の新浜町内会はガイドマップ「貞山運河往来絵図」を作製した。親しみやすいイラストと写真が満載で、「とても分かりやすい」と好評を博している。絵図は折り畳み式で、広げると縦85センチ、横60センチになる。「運河再発見の旅に出かけてみませんか」とまえがきで郷愁を誘う。

表面は、木曳堀、舟入堀、新堀と北上運河、東名運河ごとに風景写真と開削の経緯などの説明文を載せ、近くの名所などをきめ細かくピックアップしている。東松島市の野蒜築港跡や東名水門、仙台市の深沼海岸、新浜の渡し船、名取市閖上の日和山などを一つ一つ写真と文章で紹介した。

裏面は、全面にイラストによるマップを配し、貞山堀と仙台湾の沿岸地域を大きく描いた。鉄道や高速道路のほか、運河と堀ごとの詳細図も併せて載せているのでドライブや旅行などに便利だ。貞山運河研究所の運営委員会メンバーと町内会の有志が2

貞山堀について簡単に学べる「貞山運河往来絵図」

017年に着手し、住民や行政機関に取材して材料を集めたという。研究会のメンバーは「宮城県内でも貞山堀のことを知らない人が多い。地図を見て関心を持ってもらいたい。観光客用のお土産にもなります」とPRしている。マップは青葉区の金港堂本店で販売している。税込み300円。

司馬遼太郎さんが絶賛した貞山堀の緩やかな流れ。宮城県南の阿武隈川河口から、北の閖上方面へ向かう木曳堀を撮影した

第6章　復興のかたち

震災から月日は過ぎても、仙台市沿岸部では工事車両が行き交い、災害対策と復興のための事業が進められている。数十年から百数十年に一度の津波の防御策として、波のエネルギーを減衰させる幾つかの壁を築く。多重防御と言うそうだ。高さ7・2メートルの海岸防潮堤、盛り土の上に植栽する海岸防災林、大きな山状の避難の丘（標高10～15メートル）、高さ6メートルのかさ上げ道路、そして貞山堀の機能を組み合わせている。多重防御を施しても、2メートルの浸水が見込まれる場所を災害危険区域に指定し、家の新築、改築はできなくなった。仙台市は同区域の土地を被災した所有者らから買い取り、その用地を市民や企業、NPO、起業家などに貸す「集団移転跡地利活用事業」を始めている。役所では考えられない民間の自由な発想で、にぎわいを創出してもらうのが趣旨だ。賃借料は仙台市の標準価格よりも安く設定している。2018年度末までに9事業者を選定した。全体面積の80パーセントに当たる35・9ヘクタールの利活用が決まった。選定に当たっては、市の基本的な考え方に沿い、有識者でつくる「集団移転跡地利活用事業者選定委員会」で審議

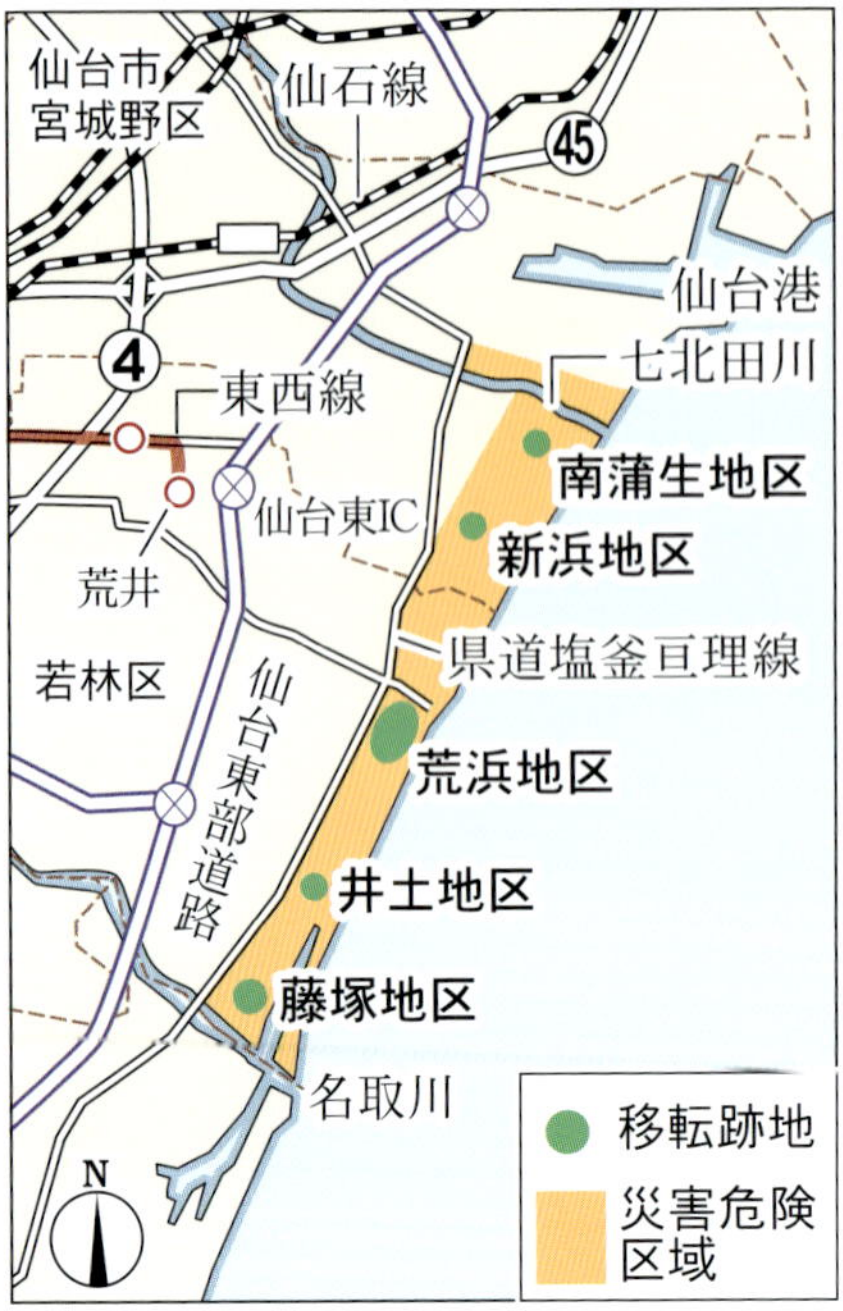

し、決定された。地区ごとに事業者と内容を見てみる。

○荒浜　5事業者　カッコ内は事業者の名前

▽果物の収穫体験などをする体験型観光果樹園。子どもからお年寄りまで楽しめる。11㌶（JR仙台駅でエスパルなどを経営する仙台ターミナルビル株式会社）▽野球、サッカー、キャンプ場などのスポーツ施設。19・5㌶（一般社団法人・仙台スポーツネットワーク）▽収穫した野菜をその場で食べるなど農業、自然、地域文化を活用した農と食の体験学習。0・5㌶（荒浜のめぐみキッチン）▽クロマツなど松並木の再生や育樹会を通じ、荒浜の元住民と交流。地元の文化や震災の記憶を継承する。0・3㌶（荒浜復興推進協議会「イナサの風」）▽荒浜の元住民らが養鶏、有機野菜など農畜産物を手掛け、地元産品を生み出す。0・5㌶（株式会社・深沼アグリサービス）

○南蒲生　2事業者

▽農産物の生産、加工、販売と障害者就労支援。南蒲生と新浜両地区の1・8㌶（株式会社・MITU）▽犬と触れ合うドッグラン　0・8㌶（株式会社・橋本建機）

○新浜　1事業者

▽水辺ビオトープと冬水田んぼ。自然観察会や田植え体験を通じて、市民が周辺の海や自然と触れ合える交流ゾーンを創出する。すでに着手している。0・9㌶（カントリーパーク新浜）

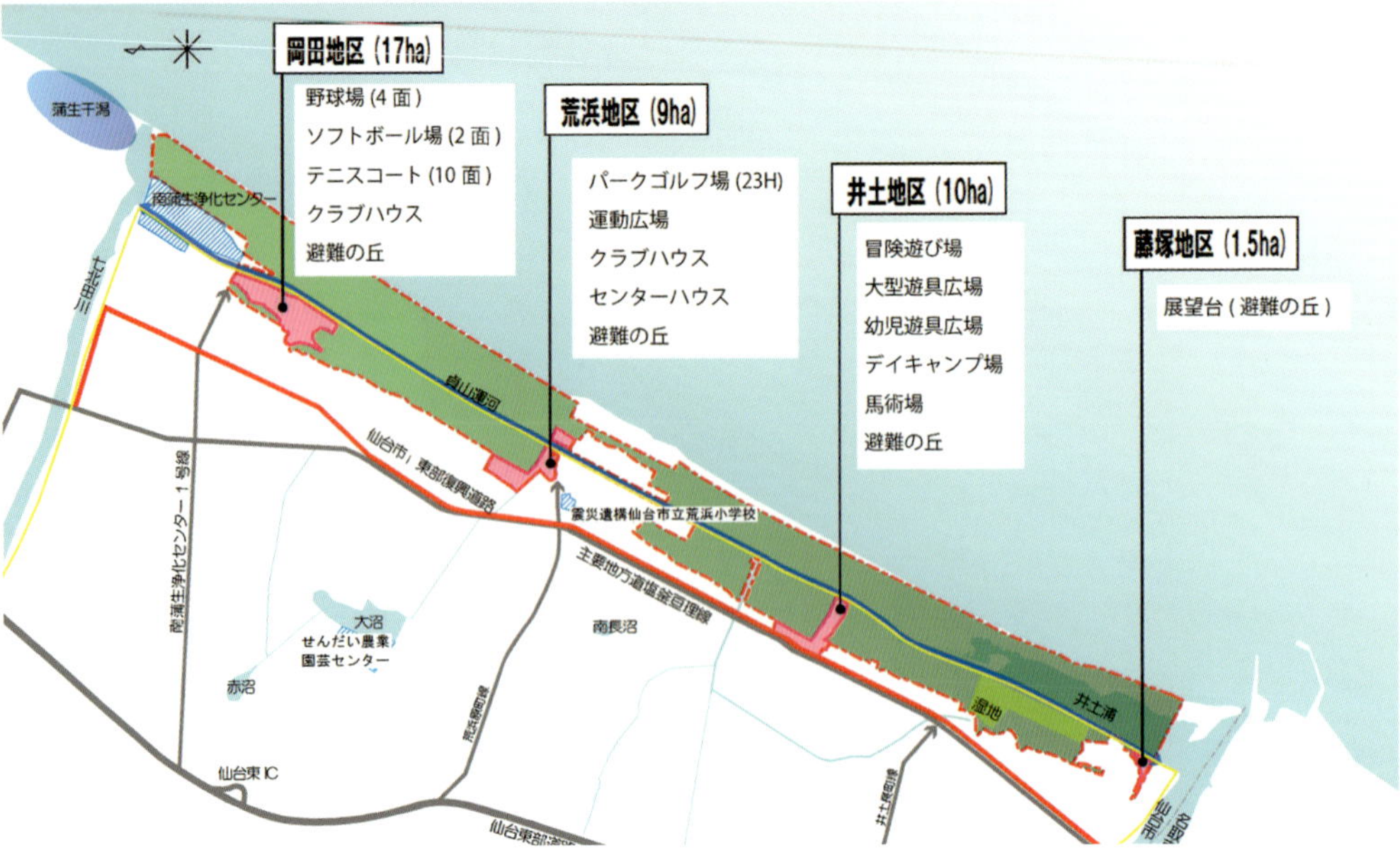

海岸公園の4か所はすべて利用できるようになった

○井土　1事業者

▽地元特産品としてブランド化の進む仙台井土ネギを安定的に供給し、被災地の再生発展につなげる。0・6ヘクタール（農事組合法人・井土生産組合）

　未決定の藤塚地区をはじめ、市は荒浜など4地区で2次募集をかけている。農業関係が多いことについて、市復興まちづくり課の担当者は「被災地はまだ集客を見込める状態でないので、初期投資のかかる事業は二の足を踏んでいるのではないか」と分析する。その農業団体の多くは地元の顔ぶれが参加するホームゲーム型である。自ら古里の再生に手を挙げているのは心強い。宮城野区の蒲生北部については、買い取った用地を産業集積用の工業団地とする計画だ。市の買い上げ用地は約30ヘクタールで現在、道路、水道などインフラ整備の土地区画整理事業を進めている。順次募集をかけていき、2020年度までに区画整理事業を終える。荒浜に残っている住宅の基礎、土台部分は震災遺構として保全される。

このほか、新浜・岡田、荒浜、井土、藤塚の4地区で進められていた市の海岸公園復旧事業が終了し、18年7月から全地区で利用再開となった。新浜・岡田には野球場4面やテニスコート、荒浜はパークゴルフ場と運動広場、センターハウス、井土は子どもたちの冒険広場と馬術場（第4章参照）、藤塚には展望台を築いた。緑の復活を目指すクロマツや桜、ドングリなどの苗の植樹会も官民を挙げて盛んに行われ、児童生徒にとっては、将来どれだけ大きく育つかと楽しみとなっている。

■若い力が支援の輪を広げ、被災地に希望の灯をともす

震災遺構になっている荒浜小学校の教室に懐かしい顔ぶれが集まり、昔話などをするおしゃべり会があった。2018年夏のお盆、荒浜の浄土寺墓地を墓参りに訪れるときに合わせて開かれた。お開きの時間が近づいたころ、仙台市復興まちづくり課の3人が現れ、「集団移転跡地利活用事業」の現状を説明することになった。荒浜で展開される果樹園やスポーツ施設など計画概要を紹介すると、元住民からは意外にも厳しい口調で注文が相次いだ。70代の女性は「事業者任せにすると、もうけ話に走る心配がある。被災者にとってそれでは寂しすぎる。仙台市

お盆に合わせて、懐かしい仲間が集まる。「毎日何をしていますか」と情報交換の場となった＝2018 年 8 月、震災遺構の荒浜小

の職員はわたしたちの気持ちをくみ、絶対に楽しく過ごせる地域にするのだという強い覚悟を持って進めてほしい」。80代男性は「松林の再生には相当の年月がかかり、その間、陸地は潮風にさらされる。果樹園などの計画があるようだが、塩害に対する見通しが甘い」。

取材で居合わせた筆者は、なるほど的確な指摘だと感心した。参加者は集団移転で土地を離れた人ばかりだが、厳しい注文は荒浜のこれからが気になっている気持ちの裏返し。みなさんに話を聞くと、近年若い人や支援グループが荒浜のにぎわいを復活させようと努力していることに感謝していると口をそろえる。この年だけみても貞山堀の灯籠流し、深沼海水浴場の期間限定オープンなど新たな活動が目に見えて増えた。Tシャツ姿、笑顔のまぶしい若い男女が1週間前から汗を流して準備し、後始末まで献身的に走り回っていた。浜の歴史や文化、生業を図書館の本をひもとくように記憶に残そうという「海辺の図書館」の取り組みも話題を呼ぶ。図書館スタッフは週末に訪れる人を案内し、語り部と出会う機会を設けるほか、写真パネル展を開いてかつての景色を伝える。「荒浜再生を願う会」の拠点となっていた集会所「里海荒浜ロッジ」などを核とした植樹、海岸清掃などのイベントも脈々と続く。

長く被災者と接している支援者はこう語る。「被災者の心は複雑に揺れています。親類や知人ら多くの命が失われ、景色が一変した古里を見るのは忍びない。思い出したくないし、信じたくないという気持ちもあります。他方でしっかり復興してくれないのは嫌だという思いもある。いま、若い人たちが海辺の図書館や灯籠流し、海開きなどの実現に一生懸命取り組んでいます。いろいろな人が古里のために頑張っているのだから見に来ませんか、一緒にやりませんかと呼び掛け、少しずつわだかまりを消していく。心と心の間の距離を縮めていく。被災者の事情は一人一人さまざまで微妙です。すぐには元通りのつき合いにはならないし、月日、時間はかかるでしょう。でも、いつの日か心が通じ合って集まれるようにと信じ、支援活動を見守っていくつもりです」

海岸部を離れた元住民も、海水浴の思い出を持つ都会っ子も、久々に足を向けたとき、「古里の香りが残っている、ああ、懐かしい」と言えるようになるといい。みずみずしい人材の芽は育っている。松林の緑が辺りを包み、心地よいそよ風の下、ふたたび貞山堀のにぎわいがよみがえる日を待ち続けたい。

実践者インタビュー

海から吹きつける風雪をはねのけ、津波にも耐え抜いた貞山堀と、その恵みを受けた昔ながらの暮らし、住民の生きざまに熱い視線を注いでいる人がいる。現場に足を運ぶとともに深く根を下ろし、もろもろの取り組みを実践している2人に地域の歴史文化を生かした活動や、貞山堀の利活用など、これから向かう先について聞いた。

■地域の風土、文化を復興に生かそう

せんだい3・11メモリアル交流館職員　田澤　紘子さん

―これまでどんな活動をしてきましたか。

「2011年3月11日の震災によって仙台市沿岸部は悲惨なまでに何もかも失われてしまいました。わたしが勤めている仙台市市民文化事業団のできることは、地域の人々が語ることでしか伝わらない生活文化の名残を形にすることだろうと考えました。暮らしやしきたりを聞き語りで伝え残す『ＲＥ：プロジェクト』を仲間たちと始めました。一口に沿岸部とひとくくりにされますが、農業が中心だったり漁業だったりと地区によってなりわいは違うし、歴史や成

り立ちも異なります。一つ一つ集落ごとに個性や魅力を伝えようと荒浜、蒲生、新浜、井土、藤塚などの住民を訪ねました。プレハブの仮設住宅に上がり込んで話してもらったのです。地域の個性の違いを示す事例として、『まち場』という言葉があります。荒浜の人は仙台市街地のこと、蒲生では貞山堀の舟運でつながっていた塩釜、藤塚なら渡し船で交流した名取市閖上を指します。野菜や魚を売りに行く先が違っていて生活圏の細部が見えてくるのです。農業機械が導入される前の農作業の話になると皆さん目を輝かせます。低湿地で苦労したけど試行錯誤して克服したとかいまのことのようにしゃべってくれました」

「仙台は都会のイメージがあるので、こういう場所があるんだと驚きました。農家の人手を貸し合う『結《ゆい》』や助け合い組織の『契約講』が残っていました。家と家の結びつきが強く、魚と野菜を物々交換するなど、それぞれに

田澤紘子さん

自己完結している。仙台が都市化する中でぎりぎり残っていたのが沿岸部だったのでしょう。人づき合いやしがらみが多く、女性たちは大変でした。バスで神社に詣でる旅行会『山の神講』はお嫁さんたちの愚痴こぼし大会だったようです。男性は青年団をつくって女性と触れ合う場をこしらえていました。いま婚活と言って行政が出会いの場を設けています。すでに先取りしているし、こちらの方がしたたかで大人の振る舞いだと感じます。このところ、次の災害に備えて共助の大切さが叫ばれています。そうであれば、ここから学ぶ点は多いのではないでしょうか。取材した中身をフリーペーパーとして15年1月まで13回発行しました。震災5年目の年に同じ所を再訪して現況を報告し、『RE：プロジェクト通信記録集』にまとめました。会った相手は60人を数えました」

—2016年2月、地下鉄東西線荒井駅に3・11メモリアル館がオープンしました。

「4月からメモリアル館勤務となりました。今度は沿岸部でイベントなどを開いて市民に足を運んでもらい、地域文化を知ってもらおうと企画を組んでいます。当初、来館者は3・11の日の出来事を知りたいとやってきました。でも、それは一面的なことではないかと違和感を覚えました。それだけを取り出すのではなく、市民に呼びかけて一緒に現場を歩き、住民と触れ合う場をつくる役割を担うことではないかと思ったのです。新浜と井土で貞山堀に船を浮かべる海辺散策プロジェクトを行ったのをはじめ、竹を使った虫かご作り、稲わらでお正月飾り、自由におしゃべりするお茶っこ会などを開いています」

―沿岸部の広い地域は災害危険区域に指定され、多くの住民が内陸部の集団移転先に移り住みました。先祖代々の土地を離れることとなりました。集団移転と復興の進め方をどう見ていますか。

「古いまち並みの消えたところに新しいまちをつくるのはよくあることです。団地のニュータウン開発と同じように全てをリセットする。これは楽なのです。でも、400年をかけてつくりあげた歴史文化があっという間に忘れられ、継承されなくなるのは、『ちょっと待ってよ』と言いたい感じです。復興に当たって、それまでどういう場所だったかを議論のベースにするのが必要だと考えます。地域の風土の上に立った復興でなければ本当の復興にはならないし、長続きはしないでしょう。宮城県内では防潮堤の建設をめぐって、海が見えなくなると困るという声が漁民から上がっています。行政は安全性の確保を強調するけれど、どんな暮らしをしていたかを考えれば、海の見えないことがどれだけ暮らしに直結するか、大きな違いに気づくはずです。仙台市沿岸部でも松林のキノコ採りや馬船渡しなどが盛んでした。震災から8年が過ぎ、被災者は落ち着きを取り戻してきています。貞山堀で馬船に乗るイベントにたくさんの市民が参加するなど、じっくりと振り返る余裕も生まれてきている。どういう形で復興を進め、どんなまちをつくるのか、その判断はそんなに急がなくてもよいのでは、もっと先でもいいのではないかと考えています。市民文化事業団にいるわたしとしては、地域の人々と市民が知り合う機会をつくり、子どもたちに未来をつなぐ役を果たしたいと心に刻んでいます」

――人々の住んでいた家の跡地では、民間企業などによる防災集団移転跡地の利活用計画が進んでいます。観光果樹園やスポーツ施設などが公募で選ばれました。

「進出する事業者には、やはり土地の歴史文化を知ってほしい。海辺に吹き渡る風、季節ごとの景色を感じ取っていただきたいですね。松林の再生とともに地元に根づいたプランであってほしいし、スポーツ施設ばかりこんなにたくさんあって、どうするのだろうと気になります。2018年8月、荒浜の貞山堀で夜の灯籠流しが復活しました。荒浜にゆかりのある若い人たちが中心になって準備しました。夜の開催で果たして人は来るのかと心配でしたが、たくさんの地元住民が集まり、みんなで1時間灯籠を見守りました。よかったなあと思いました。これまでは身構えて足を向けなかった住民も気軽に立ち寄るようになるといい。そのつなぎ役として、文化と暮らしを伝える発信者として活動できたらいいですね」

たざわ・ひろこ…1982年、山形県鶴岡市出身。千葉大学工学部卒。民間企業勤務を経て、2009年4月から仙台市市民文化事業団に勤める。16年から、せんだい3・11メモリアル交流館で沿岸部の暮らしに目を向けたプロジェクトを実践している。

■しなやかに次世代へつなぐ方策を探ろう

貞山運河研究所理事・運営委員長　上原　啓五さん

―どんな取り組みをしているのですか。

「日本一長い運河である貞山堀の魅力を再発見し、後世に伝える活動をしています。震災後、船や運河、歴史好きの市民が貞山堀を考えるフォーラムを開くなど勉強会を重ねていました。有識者の集まりである『貞山運河の魅力再発見協議会』にも関わっていましたが、震災を受けてもっと焦点を絞り、新たな利活用策を考えようと2014年に貞山運河研究所を設立しました。運河の姿かたちがすっかり変わったのを憂い、何とかしたいと立ち上がったのです」

―具体的には何を始めたのですか。

上原啓五さん

「名取市閖上の暮らしについて聞き取りをしているうちに船大工さんと出会いました。運河での釣りや渡し船に使っていた『さくば』という木造の手こぎ船があったと聞き、この船を再現しようと思いました。道具も何もかも津波で失われ、諦めていたところに東北大学災害科学国際研究所の川島秀一教授の人づてで、南三陸町にいる現役の船大工さんを紹介されました。全長5メートルのスギ製の船を忠実に再現してもらい、17年にお披露目を行いました。建築にかかった予算は家業の造園設計を手掛けたつながりで、社会福祉法人に寄付してもらいました。さくばは各種のイベントに使われています。貞山堀に架かっていた橋を流された宮城野区の新浜地区での渡し船とフットパスのプロジェクトはかなりの回数を重ねています」

――宮城県など行政との連携はどうなっていますか。

「県は貞山運河再生・復興ビジョンを発表しました。全国の成功事例を基に、いろいろなプランを掲げてはいるけれど、行政は自分から先頭に立って動かないところがあります。各種団体に対する支援や助成、協力をしても、われわれが働きかけをしない限りなかなか積極的に動いてくれません。船着き場など施設や仕掛けを造ってほしいと頼んでいるので支援を期待しています。行政の仕事はしなやかさに欠け、次世代を巻き込んで楽しくやろうという発想はいまひとつです。しかし、県内には運河を愛する団体や人々が意外にたくさんいると知りました。大学の学識者にも協力してくれる人材がおります。一緒に手を組んで柔軟性のある活動を展開していきたい。行政とそれぞれの団体組織が共同歩調を取ることも大事です」

「運河にはやはり船が似合います。船を出してイベントを開くと子どもたちは喜びます。釣りや水遊びを通して動植物の生態系を学び、バードウオッチングなどで海の環境と触れ合うことができます。昔の風習である燃料用の松葉さらい、副産物のキノコ採りのことを語り部から聞き、忘れかけられている暮らしの良さを見直そうと思いをはせるのです。災害危険区域から外れ、集落を維持している新浜を発信地にして暮らしの再現を図る活動をしていきます」

―貞山堀全体の利活用をどう進めますか。

「冬は越冬渡り鳥の観察、春は植樹された桜の花見と季節ごとに楽しめるメニューを考えたい。例えば、若林区井土の冒険広場を出発点として近くの貞山堀まで散策します。停留している船をこぎ出し、井土・藤塚から荒浜、新浜、南蒲生辺りまでのルートを巡るのはどうでしょう。震災被害にもかかわらずクロマツの残っているエリアもあり、日本庭園のような素晴らしい景観を船上から見ることができます。行き来する中で食事をサービスし、有料ガイドによる案内や歴史講座を催してもいいでしょう。大手ビール会社や沿道のサイクリング関連のタイヤメーカーなど企業の協賛を得て、インバウンドを呼び込める観光ビジネスとして成り立つ受け皿づくりを考えたい。もう一つ、芸術アートの盛り場としての可能性を探ってみたい。新浜のみんなの船プロジェクトのように現代美術家の力を借り、いずれはレストラン、宿泊施設など夢のあるプランに近づけたら面白いと思います」

―津波によって貞山堀の堤防と護岸などが破壊されました。県は復旧工事を行い、以前と同じ景観を残すことを基本に据えましたが、やはり大きく風景や原形が変わったように見えます。

「震災前の貞山堀は人工の運河とはいえ、長い歳月をかけて自然と同化した風格を漂わせていました。歴史的景観と賞賛されたものです。もっとじっくりと考えて改修すればよいものを、急いで工事をしたために周りの自然環境をあまり考慮しなかったのではないでしょうか。場所によってコンクリート補修が目立ち、別物のようにも見えます。災害に強くて安全な施設に戻せばいいという発想だと歴史的景観を保つのは難しい。わたしたちの取り組みでは、貞山堀全体を自然公園と位置づけています。そのままの自然を回復できる空間をつくるとともに地域の暮らしや文化を重視する利活用を考えていきます」

うえはら・けいご…1948年、青森県大鰐町生まれ。中央大学経済学部卒。民間企業勤務を経て造園設計業を興す。作庭舎（仙台市青葉区）の代表取締役を務める。2014年に仲間と貞山運河研究所（理事長・宮崎正俊東北大学名誉教授）を設立した。

あとがき

貞山堀という運河のことを知ったのは、子どものころだったと記憶しています。荒浜の深沼海水浴場には友だちとよく遊びに行ったし、大きな背負子《しょいこ》を抱えたおばさんがシジミを売りに家まで訪ねてきました。でも、それは堀の名前を耳にしていたぐらいの話で、どういうものなのかは分かっていませんでした。十数年ほど前のこと、仙台の街が開かれて400年の節目の年に河北新報紙上で歴史物の連載企画に取り組みました。藩制時代に築かれた数ある遺産を目にするうちに、貞山堀のことを掘り下げる機会を得たのです。「物資の流通や人の往来に使われた全長36キロの運河」、一言でいえばそうなのですが、よくぞこれだけ壮大な建造物をあの時代にこしらえたものだと、見方の変わることとなりました。城下の中心部には四ツ谷用水という全長44キロの用水路が縦横に張り巡らされています。もしかして仙台は杜の都であるとともに、水の都だったのではないか、水運の街だったのではないかと想像を膨らませたものです。

仙台の街は大きくなりました。プロ野球の球団やオーケストラがあり、有名なブランド店などが華やかさを競うように進出しています。他方で、由緒のある古い建物は壊され、目立つのは高層の集合住宅と白いオフィスビルばかり。木々の緑は切られ、街並みはますます殺風景になりつつあります。ところが、貞山堀のゆるやかな流れと、落ち着いたたたずまいは昔から変わることがない。堀沿いの集落は、まるで独立した町の如く自主性を保ち、地域に継承されるルール、しきたりに合わせて暮らしを営んでいる。仙台という街の持つ多様さ、多面性を映していると、ほっとさせられる気持ちになりました。

東日本大震災による津波は、貞山堀沿いの集落を押し流しました。400年の歩みをあっという間に視界から消え去るような大災害でした。これまでも地震や津波に見舞われてきましたが、地域住民は飢饉を含めて度重なる災厄を乗り越えてきました。今回は、広い地域が人の住めなくなる災害危険区域となり、事情を異にします。外からのんびりと眺めていた貞山堀とその集落を再訪してみたい。そんな考えが自然と浮かびました。

震災から8年近くがたち、落ち着きを取り戻していたとはいえ、住民の皆さんは突然の無理な取材のお願いを聞いてくれました。移転先のご自宅、または貞山堀沿いの土手に座りながら、開けっ広げに話してくれる。そんな個人的なことまでべらべらとしゃべっていいのかなと、こちらが心配になるほどです。元来、人のよい土地柄なのか、地元のこと被災者のことを伝えたいのか、どちらもあるのでしょう。とにかく口調が熱い。海沿いで生まれ育った気性とはこういうものかと気づかされました。

荒浜の人の聞き語りは、海と漁が中心となります。四季の風に吹かれて暮らす人々の土地への愛着はひとしお深く、「絶対にここを離れたくない」という多くの住民と出会いました。蒲生は、港、和田、西原、町蒲生の4地区それぞれに成り立ちが違っていて個性にあふれていました。江戸時代に栄えた貞山堀の船溜《だ》まりと御蔵場を舞台にして農業のほか、商人の顔も併せ持っています。仙台港の建設は時代の大きな区切りでした。新浜は、クロマツ林を生活の糧にしてなりわいを立てていました。震災後、復興にかけるエネルギーは相当なものがあり、貞山堀での船遊びなど発信力に富んでいます。井土、藤塚は、太平洋の明るい日差しを浴び、対岸の名取市閖上との交流が盛んでした。冒険広場などがオープンしたことで閖上とともににぎわいの拠点となる可能性を持っています。

沿岸の集落の文化に人々が目を向けたのは、図らずも震災の後のことです。宮城など被災3県で自分たちの住んでいた漁村や浜を見つめ直そうという声が上がったのです。やがて祭りの神楽、伝承されている民俗芸能や昔話、郷土料理を守り継承する活動につながっていきます。震災から少し経過した後、筆者は南三陸地方のある町を取材に訪れました。集会所で復興グッズを手作りしていた年輩の女性に話を聞くと、「この地区のことはあの人に聞くといいよ。わたしは離れたところから嫁に来たから、大きなことは言えないのよ」と言う。彼女の出身地とは岬一つ隔てた、すぐ近くの浜でした。こんな近くなのに一つ一つのアイデンティティーが漁村ごとにあり、風土が違うのかと驚きました。町内には同様の漁港がたくさんありました。仙台でも同じことが言えます。浜ごとに狭くても多彩な文化が花開いたわけです。

このところ、海や町の風景を伝え残そうと、写真や映像などを集める動きが活発です。「3・11オモイデアーカイブ」や「せんだい3・11メモリアル交流館」、荒浜の「海辺の図書館」などのイベントに多くの市民が集まります。もっと貞山堀や沿岸部のことを知りたいと考える人は増えていくでしょう。そうした取り組みが盛んになればすばらしい。仙台を水の都と思わせる貞山堀の存在、利活用のありようが重要な位置を占めるのは間違いのないところです。

中国の故事に次の一節があります。「越鳥は南枝に巣くい、胡馬は北風にいななく」。南方の越の国から飛来する鳥は南向きの枝にすむ。北方の国で生まれた馬は北風を慕い、風の方角を振り向く。故郷を一時離れても、生涯忘れはしないという言葉です。被災地の人々は離れ離れになっています。また昔のように語らえるようになるといい、戻りたいと望み続ける人がいれば、職住近接でも一体でもいいから、いつの日か一部でも住めるようになってほしいとの願いが頭をかすめます。震災からの復旧事業は目の前の必要不可欠なこととして、慌ただしく進みます。急いだ後に何が残るのか。わたしたちはもう少し長い目で物事を捉え、考えなくてはならないのではないか。災害はモノを壊せても、人の心までは動かせない。その気持ちは日ごとに増すばかりです。取材では、住民の方々をはじめ、郷土史家、行政、民間や市民団体の人々、大学の研究者から多くのことを教えていただきました。ご多忙なところ、貴重な時間を割いてくれたことに厚く感謝を申し上げます。

著者

貞山堀の関連年表

藩制時代

1600（慶長5）年12月

・伊達政宗、拠点を仙台に移し、縄張りを開始する。

1601（慶長6）年1月

・仙台城の普請を始め、城下を開く。

・川村孫兵衛重吉が木曳堀を開削する。阿武隈川河口・納屋から名取川河口・閖上間の15キロに運河が築かれる。貞山堀の最初の水路。

1600年前後の慶長年間

・荒浜に浪人たちが移り住む。

1611（慶長16）年

・慶長地震津波が発生、仙台領内に被害をもたらす。

1627（寛永4）年

・四ツ谷用水の第1期工事が始まる。川村孫兵衛重吉が設計に当たる。四ツ谷用水・全長44キロの完成は元禄年間（1700年ごろ）とみられる。

1658(万治元)年

・塩釜の牛生―多賀城の大代間に運河を掘る。

1673(延宝元)年3月

・七北田川を付け替え、蒲生に流す。大代―蒲生間に「舟入堀」が完成し、塩釜とつながる(全長7キロ)。鶴巻―苦竹間の「舟曳堀」(5キロ)も出来上がる。蒲生は米などの物流拠点としてにぎわう。

1660年ごろから1670年ごろ

・仙台湾の砂地にクロマツを植林する。仙台藩の新田開発事業に合わせ、潮風と飛び砂から農地と家々を守る。

1600年代の半ばごろ

・広瀬川から七郷堀と六郷堀を引く。かんがい用水となる。

1685(貞享2)年

・物流から外れた塩釜の産業振興策として貞享の特例が発布される。

1732(享保17)年

・享保の大飢饉

1783(天明3)年―1787年

・天明の大飢饉。東北の死者数十万人に上る。

1832（天保3）年—1837年
・天保の大飢饉

明治期

1868（明治元）年
・前年の「王政復古の大号令」を経て、明治新政府成る。

1872（明治5）年
・蒲生—閖上間の「新堀」（9・5キロ）が完成する。貞山堀が南北とつながる。総延長は36キロとなった。

1878（明治11）年7月
・明治政府が野蒜港着工。

1878（明治11）年—1884年
・石巻に近い北上運河、東名運河を建設する。

1882（明治15）年
・宮城木道社が蒲生の荷揚げ場から現在の仙台駅東口まで馬車運送を始める。

1883（明治16）年—1890年
・貞山運河の浚渫、大幅改修が行われる。堀の幅が広がって大動脈となる。

1884（明治17）年9月

・野蒜港、台風被害を受け大損害を受ける。廃港へ。

1887（明治20）年12月

・東北本線の上野—塩釜間が開通する。

1889（明治22）年

・市制・町村制が施行される。宮城郡蒲生村、岡田村、中野村、福室村、田子村は高砂村となる。荒浜、蒲町、荒井、南小泉などが合併して七郷村に。名取郡井土浜、藤塚浜などは六郷村となる。

1896（明治29）6月

・明治三陸地震津波が発生する。

昭和期

1933（昭和8）年3月

・昭和三陸地震津波が起きる。

1941（昭和16）年

・高砂村、七郷村、六郷村は仙台市に編入される。

・太平洋戦争が始まる。45年に仙台空襲と終戦。

１９６４（昭和39）年３月

・仙台湾地区が国の新産業都市に正式指定される。

・南蒲生に下水道処理場が完成する。

１９６５（昭和40）年３月

・宮城県知事に高橋進太郎氏が当選する。

１９６６（昭和41）年１月

・島野武氏が仙台市長に３選を果たす。

１９６６（昭和41）年10月

・仙台、塩釜、名取、多賀城、利府の５市町村による合併協議会が発足する。翌年、協議は不調に終わり、仙塩合併計画は立ち消えとなる。

１９６７（昭和42）年

・仙台港の建設工事始まる。蒲生地区などの用地買収、住居移転が行われる（12月）。仙台港は71年7月に開港した。

・仙台市の人口が50万人を超える。

１９７２（昭和47）年

・名取市と仙台市を結ぶ閖上大橋が完成する。

１９７８（昭和53）年６月

・宮城県沖地震が発生する。

１９８０（昭和55）年ごろ

・蒲生の舟入堀が埋め立てられ、公園緑地になる。

１９８７（昭和62）年

・仙台市地下鉄の南北線が開業する。

平成期

１９８９（平成元）年４月

・仙台市が政令指定都市になる。泉市、宮城町、秋保町と合併し、人口90万の都市になっていた。

２０１１（平成23）年３月11日

・東日本大震災が発生し、沿岸部を津波が襲う。

２０１１年12月16日

・仙台市沿岸部で、津波の危険が予想される地域を災害危険区域とする条例改正案が市議会で可決される。荒浜、藤塚などは家の新築、改築ができず、人の住めない地域になる。

2013（平成25）年5月

・宮城県が貞山運河再生・復興ビジョンを策定する。

2016年4月—9月

・「伊達な文化」が文化庁の日本遺産に選ばれる。四ツ谷用水が土木遺産となる。

2016年10月

・被災地の蒲生地区で発掘調査が行われ、貞山堀（舟入堀）の船溜まり跡が発見される。明治期の石積み構造の護岸などが出現する。

2017年（平成29）年

・荒浜小学校が震災遺構となり、一般に公開される。

2018年7月

・若林区井土の冒険広場がオープン。仙台市海岸部の４カ所の運動公園すべてが再開された。

2018年夏

・荒浜の風物詩、夜の灯籠流しが復活する。深沼海水浴場で期間限定の海開きが行われる。

（本書に登場する人物の肩書や年齢、地名などは取材した当時のものです）

主な参考文献

・仙台市荒浜の民俗（仙台市歴史民俗資料館）
・仙台　山のくらし　海のくらし—坪沼と荒浜（仙台市歴史民俗資料館）
・七郷村誌（宮城郡七郷村教育會）
・荒浜（深沼）　昭和二十年代からのメッセージ（三浦敏成、創文印刷出版）
・仙台市立荒浜小学校開校140周年記念誌（記念事業実行委員会）
・仙台市史　近代編　近世編　現代編　特別編地域誌（仙台市）
・土と文字が語る仙台平野の災害の記憶（仙台市博物館）
・せんだい歴史の窓（菅野正道、河北新報出版センター）
・イグネのある村へ　仙台平野における近世村落の成立（菅野正道、蕃山房）
・若林の散歩手帖（木村孝文、宝文堂）
・仙台藩の海岸林と村の暮らし　クロマツを植えて災害に備える（菊池慶子、蕃山房）
・木引堀物語　その謎多き運河史（佐藤昭典）
・利水・水運の都　仙台（佐藤昭典、大崎八幡宮　仙台・江戸学実行委員会）
・もう一つの潮騒—仙台湾・みなとのすべて（佐藤昭典）
・仙台藩ものがたり（河北新報社編集局）
・宮城県百科事典（河北新報社）
・河北年鑑（河北新報社）
・河北新報の記事（河北新報社）
・あの時を忘れない—震災の記憶　荒浜の記憶編（仙台市七郷市民センター）
・語り継ぐ震災の記憶（仙台市若林区中央市民センター）
・ＲＥ：プロジェクト通信記録集（仙台市市民文化事業団）
・オモイデピース（佐藤正実、オモイデピース製作プロジェクト）
・宮城野の散歩手帖（木村孝文、宝文堂）
・町蒲生（地元学の会）
・続　地元学（みやぎの区民協議会）
・未来に伝えたい　ふるさと町蒲生、和田、港、西原（宮城野区まちづ

くり推進課、高砂市民センター）
・わたしたちの中野（仙台市立中野小学校）
・創立百周年記念誌　あゆみ（中野小学校など）
・こころのふるさと中野小学校―閉校記念誌（閉校関連事業実行委員会）
・高砂の歴史（寺嶋修二、高砂老人クラブ連合会）
・仙台市東部沿岸地域マップ（せんだい3・11メモリアル交流館）
・伊達綱村特別展図録（東北歴史博物館）
・南蒲生復興5年史（南蒲生町内会）
・仙台の歴史　市制100周年（仙台市）
・ほほえみの市長　人間　島野武の記録（顕彰会）
・新産都市と農業および農協（宮城県農協連合会総合管理室）
・宮城の土木史　県制100年記念（宮城県土木部など）
・歴史のなかの邂逅（司馬遼太郎、中公文庫）
・街道をゆく　仙台・石巻編（司馬遼太郎、朝日文芸文庫）
・日本一の運河群、貞山運河・北上運河・東名運河をゆく　近世編、近代編、震災編（後藤光亀、青葉工業会報）
・貞山運河の利活用指針（貞山運河の魅力再発見協議会）
・ふるさと新浜マップ2016（新浜町内会）
・新浜地区復興まちづくり基本計画（新浜復興の会）
・ふたつの郷　言の葉で紡ぐ六郷・七郷の新地域誌（六郷・七郷コミネット）
・六郷を探る会（六郷市民センター）
・三本塚なんだりかんだり　夏の暮らし　冬の暮らし（仙台市市民文化事業団）
・子どもたちに伝えたい六郷の暮らし（若林区中央市民センター、六郷市民センター）
・東日本大震災　仙台市　復興五年記録誌（仙台市）
・日本史小年表（山川出版社）
・なつかし仙台　いつか見た街・人・暮らし（仙台市教育委員会、仙台市歴史民俗資料館）
・仙台を探訪する　55話（石澤友隆、河北新報出版センター）

編集部より　資料掲載でご協力をいただいた関係各位に厚くお礼を申し上げます。とりわけ、仙台市博物館につきましては掲載が多数に上りました。重ねてお礼申し上げます。

Information

仙台市博物館

■施設概要

ユネスコ記憶遺産に登録された「支倉常長像」を含む国宝の慶長遣欧使節関係資料や、重要文化財の伊達政宗所用具足・陣羽織、豊臣秀吉所用具足、三沢初子所用帯などのほか、仙台伊達家からの寄贈資料をはじめ、江戸時代を中心とした仙台藩にかかわる歴史・文化・美術工芸資料など約9万点を収蔵している。常設展示は季節ごとに展示替えしながら、常時1,000点を展示している。

また、仙台の歴史に関する資料収集と調査分析を行う市史編さん事業が平成26年度に完了し、『仙台市史』全32巻を刊行した。

・所在地／〒980-0862　仙台市青葉区川内26番地（仙台城三の丸跡）
・電話　022-225-3074
・FAX　022-225-2558

■開館時間

9：00~16：45（入館は16：15まで）

■休館日

・月曜日（祝日、振替休日の場合は開館）
・祝日、振替休日の翌日（土・日曜日、祝日の場合は開館）
・12月28日〜1月4日

■常設展観覧料

一般・大学生	460円	（団体30人以上360円）
高校生	230円	（同180円）
小・中学生	110円	（同90円）

著者紹介

大和田雅人（おおわだ・まさと）

● 1960年、仙台市生まれ。仙台第一高等学校、中央大学商学部卒。84年に河北新報社に入社。報道部記者、編集委員、論説委員を経て、河北新報出版センター常務取締役出版部長。著書に「四ツ谷用水　光と影　仙台・消えた遺産を追う」「憲法とみやぎ人　草の根デモクラシーのバトンリレー」「よみがえる仙台の建築　戦災から10年」、共著に「仙台藩ものがたり」がある。

貞山堀に風そよぐ
仙台・荒浜 蒲生 新浜 井土　再訪

発　行　2019年3月16日　第1刷
著　者　大和田雅人
発行者　佐藤　純
発行所　河北新報出版センター
〒980-0022
仙台市青葉区五橋一丁目2-28
河北新報総合サービス内
TEL　022（214）3811
FAX　022（227）7666
https://kahoku-ss.co.jp
印刷所　山口北州印刷株式会社

定価は表紙に表示してあります。
乱丁、落丁本はお取り替えいたします。

ISBN　978-4-87341-383-9